本书的出版得到成都理工大学中青年骨干教师培养计划、成都理工大学"证据法学"研究生精品示范课程建设项目、成都理工大学"证据法学"知识图谱课程建设项目支持。

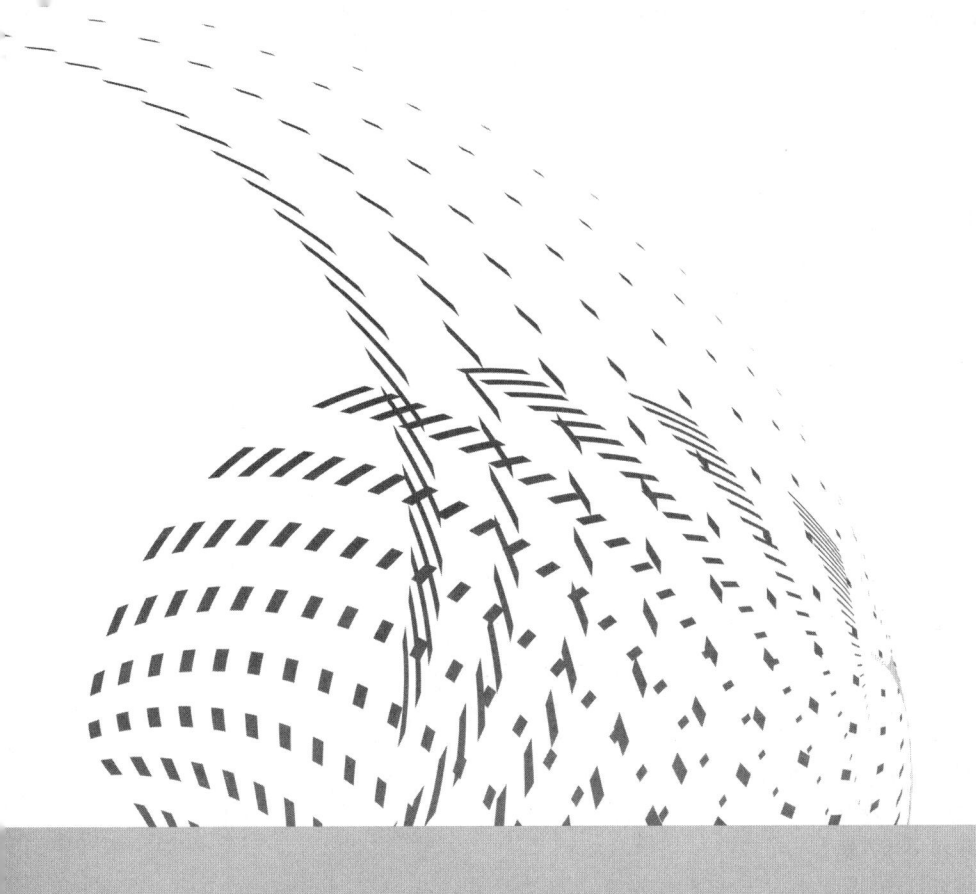

刑事诉讼中的
行政认定研究

谢天 ◎ 著

四川大学出版社
SICHUAN UNIVERSITY PRESS

图书在版编目（CIP）数据

刑事诉讼中的行政认定研究 / 谢天著. -- 成都：四川大学出版社, 2024. 10. -- ISBN 978-7-5690-7364-5

Ⅰ. D925.213.4

中国国家版本馆CIP数据核字第2024YV9203号

书　　名：刑事诉讼中的行政认定研究
　　　　　Xingshi Susong zhong de Xingzheng Rending Yanjiu
著　　者：谢　天

选题策划：梁　平　杨　果
责任编辑：孙滨蓉
责任校对：杨　果
装帧设计：裴菊红
责任印制：李金兰

出版发行：四川大学出版社有限责任公司
　　　　　地址：成都市一环路南一段24号（610065）
　　　　　电话：（028）85408311（发行部）、85400276（总编室）
　　　　　电子邮箱：scupress@vip.163.com
　　　　　网址：https://press.scu.edu.cn
印前制作：四川胜翔数码印务设计有限公司
印刷装订：成都市川侨印务有限公司

成品尺寸：170 mm×240 mm
印　　张：8
字　　数：152千字

版　　次：2025年1月 第1版
印　　次：2025年1月 第1次印刷
定　　价：58.00元

本社图书如有印装质量问题，请联系发行部调换

版权所有 ◆ 侵权必究

扫码获取数字资源

四川大学出版社
微信公众号

前　言

在行政犯的追诉过程中，行政认定被作为证据广泛适用，并成为犯罪构成要件要素的重要认定依据。例如，内幕交易案中证监部门对内幕信息知情人员、内幕信息敏感期起止的认定，逃税案中税务机关对逃税行为违法性及其程度的认定，传播淫秽物品案中公安机关对淫秽物品的认定等。司法机关基于行政机关特定行政管理领域"权威性""专业性"的天然信任，对行政认定产生较强依赖并大量采信，甚至主张将行政认定作为刑事认定前置程序，通过行政认定决定是否启动刑事追诉程序，无形中使得行政认定架空了刑事认定、刑事案件裁判权让渡于行政机关，违背了司法最终裁决原则。产生上述问题的原因有两点：一是在行政管理领域不断革新、行政权力泛化扩张的背景下，行政权强势、司法权弱势的特征愈发显著，行政权通过行政认定的方式不断"渗入"司法领域并对司法裁量权形成侵蚀；二是我国法定证据种类中不包括行政认定这样一类非标准化的证据材料，学界长期以来对行政认定的审查、采信、排除规则研究不足，导致司法实务中行政认定证据属性界定混乱，证据能力及证明力审查无章可循、流于形式。一方面，司法人员认定犯罪事实需要行政认定这一类证据材料；另一方面，因缺乏有效的方法和手段，司法人员在审查行政认定时往往束手无策，只能被动承认其证据能力及证明力，导致证据审查程序虚置。

基于上述问题，本书以刑事诉讼中行政认定的证据分类、证据能力和证明力为研究对象，对行政认定在刑事诉讼中适用的现状及存在的问题做实证分析，并结合证据法基本理论，对行政认定进行概念分析和类型归纳，对其证据价值及进入刑事诉讼的合理性和必要性进行讨论，重点研究行政认定的证据能力要件和证明力判断问题。在对行政认定类型化研究的基础上，可以将其概念界定为特定行政机关依职权或依司法机关请求，在行政管理权限内，针对行政犯构成要件要素所作出的可作为证据使用的专业性认定、鉴定材料；在证据类型及证据能力层面，行政认定应当归类为"鉴定意见"，并参照鉴定意见审查其证据能力；在证明力层面，行政认定证明力审查要点与鉴定意见存在部分区别，应当主要围绕"可靠性"就作出主体能力的适格度、作出部门与案件的利害关系、作出程序的普遍接受性、与已有事实是否存在矛盾、是否经过举证质证程序等展开审查。

　　行政认定适用问题横跨行政法学、刑法学、证据法学，体现实体法与程序法的交叉融合，在不同的法律语境下，其研究重点、视角、结论均有显著差异。本书主要围绕行政认定的证据能力和证明力进行规范层面分析，注重构建行政认定的证据审查规则和标准，而对行政认定的庭审证据调查规范、证据出示等技术性问题未予讨论，后续将结合实务中的相关问题开展下一步研究。

目 录

导 论 ··· 1

第一章　行政认定概论 ··· 14
　第一节　行政认定的概念 ·· 14
　第二节　行政认定的类型 ·· 21
　第三节　行政认定的适用对象 ··· 27

第二章　行政认定适用的现状、问题及成因分析 ··················· 36
　第一节　行政认定适用的现状及问题 ··································· 36
　第二节　行政认定适用问题的成因分析 ······························· 43

第三章　行政认定的证据价值及进入刑事诉讼的合理性 ········· 47
　第一节　行政认定的证据价值 ··· 47
　第二节　行政认定进入刑事诉讼的合理性 ···························· 51

第四章　行政认定的证据能力 ··· 69
　第一节　行政认定证据能力的正面检讨 ······························· 69
　第二节　行政认定的证据种类 ··· 81
　第三节　行政认定证据能力的审查规则 ······························· 92

第五章　行政认定的证明力 ·· 99
　第一节　行政认定的证明力特点 ·· 99
　第二节　行政认定证明力的判断方法 ································· 106

结 论 ··· 110

参考文献 ·· 113

导 论

一、问题提出

如果说刑法理论的核心是犯罪论，那么诉讼法理论的脊梁就是证据理论。诚如林钰雄所说："刑事诉讼法是确定并实现国家于具体刑事个案中对被告刑罚权的程序规范，实体刑法借此得以实现，证据法则是沟通其间的桥梁。"[①]具体刑罚权的存在与否，需经由事实认定与法律评价，前者委任于证据法，后者则委由于犯罪论。即是说，犯罪论是关于犯罪本质的认识论，证据论则属于犯罪事实的认定论。无法否认的是，由于人类社会的重大变化，犯罪种类、刑法体系会发生变化，犯罪理论会作出同步革新，而证据理论也必然要作出相应调整。

众所周知，在人类建立证据裁判制度以来，物证、书证、人证是核心的证据形式[②]。但随着人类社会的发展，证据形式走向多样化，证明手段也逐渐多元化。从犯罪证明的一般规律来说，不限制证据种类或者表现形式是最为合适的。因为，犯罪事实与证据材料之间具有生成关系，两者之间具有对应性和同质性；但犯罪事实本身属于既定事实，证据材料属于有待发现的对象，其本身具有一定的稀缺性，如果对证据种类加以限制，那么对犯罪事实的查明方式则是增加障碍。所以，国外的刑事诉讼法或者专门证据法一般不会对刑事证据的种类进行划分甚至是限定，只会对证据的一般内涵作出界定，甚至不予界定。国外理论偏重对证据属性进行认识论的探究，如英美法系侧重证据的关联性、

[①] 林钰雄：《刑事诉讼法（上册 总论编）》，中国人民大学出版社，2005年，第344页。
[②] 裴苍龄先生指出，虽然我国刑事诉讼法把证据划分为8类，但古今中外无论采取何种证据制度，证据的核心形式只有物证、书证、人证，其他证据形式都只是这三种证据的衍生形态。参见裴苍龄：《论证据的种类》，《法学研究》，2003年第5期，第45页；裴苍龄：《再论证据的种类》，《中国刑事法杂志》，2009年第11期，第56~59页。

可采性属性的研究，大陆法系侧重证据能力和证明力属性的研究，但都不会刻意强调证据必须表现为何种形式。

我国刑事诉讼法不仅注重刑事证据的本质属性，也看重证据形式的外在制约，所以《刑事诉讼法》第 50 条不仅规定了证据的一般内涵，也列举了证据的表现种类。这种证据分类具有形式性、封闭性，具有一定的实用意义①。但是在实践中，我国司法人员对证据种类又是持相对开放的态度。部分学者提出："随着社会实践的发展，总会有新类型的证据出现，难道仅仅因为法律没有明确规定，就简单否定新类型的证据资格吗？不容否认，立法者在成文法中要想穷尽证据的所有表现形式，这几乎是不可能实现的目标。"② 基于此，虽然我国刑事诉讼法在历次"大修"中都扩张了证据种类，但实践中扩张适用的证据形式其实远不止于此，典型的例子当属"行政认定"。

根据最高人民法院刑事审判庭工作人员的解释，行政认定是指"专业行政管理部门出具的意见说明类证据"。这类证据具有"行政职权性""准鉴定意见性"两点特征。前者是指，行政认定"由履行行政管理职能的专门机构根据职权作出"；后者是指，行政认定"不同于专业鉴定意见，实践中应当从实质内容上对专业行政管理部门的意见说明材料予以区别对待，对于偏重专业分析的意见说明，可以参照鉴定意见的审查方法进行审查"③。即是说，行政认定的作出主体是行政机关，而非司法机关，也非司法鉴定机构，行政认定自然不属于"鉴定意见"，但是对于偏专业性分析的行政认定的证据审查规则可以参照鉴定意见。

行政认定在司法实践中被广泛适用。在最高人民检察院公诉厅编著的《公诉案件证据参考标准》《刑事公诉案件证据审查指引》中，对于一些特定犯罪，行政认定被明确列为重要的证明材料。例如，在生产销售有毒有害食品罪案件中，"产品质量检验机构出具的产品质量鉴定意见"属于重要的证明材料；在非法吸收公众存款罪案件中，"中国银行业（证券业、保险业）监督管理委员会出具的行政认定书"是重要的证明材料；在内幕交易信息罪案件中，"中国证券、期货监督管理委员会出具的公报、认定"是重要的证明材料④。除此之

---

① 龙宗智：《证据分类制度及其改革》，《法学研究》，2005 年第 5 期，第 86~88 页。
② 陈瑞华：《证据的概念与法定种类》，《法律适用》，2012 年第 1 期，第 24 页。
③ 南英、高憬宏：《刑事审判方法（第 2 版）》，法律出版社，2015 年，第 240 页。
④ 最高人民检察院公诉厅：《刑事公诉案件证据审查指引》，中国检察出版社，2015 年，第 34、39 页；最高人民检察院公诉厅：《公诉案件证据参考标准》，法律出版社，2014 年，第 112、176、183 页。

外，实践中最为典型，也经常为学界举例探讨的行政认定，就是在交通肇事罪查处过程中由交通管理部门作出的"交通事故责任认定书"。

行政认定作为证据加以运用，有其必然性与合理性。一方面，我国刑法中有很多犯罪具有双重违法性的特征，即该犯罪构成要件行为虽然属于犯罪行为，但同时也属于违反行政法上的禁止或命令规定的行为；或者说某些犯罪构成要件本身就是在行政违法构成要件的基础上制定的[①]。这直接导致这些犯罪的构成要件要素属于"行政违法"的构成要素。而对这些要素的认定，行政机关是享有话语权的，这种话语权就表现为司法过程中行政机关出具的认定意见，并以此影响司法人员的判断。另一方面，"社会与科技不断地进步与发展，专业分工也日益精细化，庞杂的行政管理体系涉及社会生活的方方面面，大量的专业性问题已远远超出司法人员的智识范围。行政机关出具的认定意见一定程度上解决了裁判者在该专业领域的盲区，有助于裁判者迅速厘清争点、认定案件事实"[②]。但是，行政认定进入刑事审判，客观上也产生了不少问题，主要有以下三个方面。

其一，行政认定是由具备专门知识、技能的行政机关作出的，天然地具备"专业性"，这使得司法人员容易对行政认定产生依赖。例如，在内幕交易、泄露内幕信息犯罪案件的审理过程中，我国司法人员大都会要求证券监督管理委员会对"内幕信息"的"形成期"或者"敏感期"出具认定意见。有司法人员甚至认为，"'内幕信息'的认定只能由证监会做出认定"，才可能推进刑事审判[③]。这使得原本应由司法机关作出的独立判断，依从了行政机关的判断。正如有的学者所说，当司法人员对行政认定产生依赖之后，"无形中使得行政认定架空了刑事认定，一定程度上克减了被告人的辩护权利，淡化刑事审判的功能，甚至导致刑事错案的发生"[④]。

其二，"在中国的司法实践中，与'重实体，轻程序'现象相关联的是，在证据法上还存在着'重证明力，轻证据能力'的倾向"[⑤]。同样地，由于行政认定是由具备专门知识、技能的行政机关作出，行政认定自然地具有"公信力"。实践中存在这样一种倾向，无论是行政机关依职权作出的认定，还是司

---

① 田宏杰：《行政犯的法律属性及其责任——兼及定罪机制的重构》，《法学家》，2013年第3期，第52页。
② 刘玫、胡逸恬：《行政认定的证据能力——以刑事庭审实质化为视角》，《甘肃政法学院学报》，2018年第6期，第135页。
③ 王涛：《内幕信息敏感期的司法认定》，《中国刑事法杂志》，2012年第11期，第61页。
④ 时延安、黄烜璇：《行政认定的刑事司法审查》，《人民检察》，2017年第17期，第11页。
⑤ 陈瑞华：《刑事证据法（第三版）》，北京大学出版社，2018年，第126页。

法机关要求或申请行政机关作出的认定，司法人员首先考虑的是行政认定"能不能起到证明作用"，而不是先考虑"可不可以作为证据使用"。例如，有实务人员这样认为，行政认定"具有较高的公信力，这种公信力在诉讼过程中可衍生为证明力上的优势。因此，行政认定的证明力要高于普通证据"①。不难看出，司法人员过分看重行政认定的"公信力"，进而将这种"公信力"直接转化为过高的证明力，使得大量行政认定的证据能力、证明力没有经过实质审查就当作证据使用。但显而易见的是，我国刑事诉讼法采取法定证据制度，任何一种证据材料只有符合八种证据形式并且经过庭审举证、质证才能作为证据使用。这一简单的逻辑顺序却在实践中被悄然扭曲。

其三，在前两点基础上，行政认定的"专业性"和"公信力"使其在刑事诉讼中具有"强势切入"的证明作用。实践中的运行情况主要表现为：侦查机关、检察机关只要收集了行政机关的认定意见，就以此作为立案追诉、批准逮捕的直接依据；检察机关只要提出了行政认定，而被告方没有提出足够有力的反证，审判机关就只能被动地采纳行政机关的认定意见。例如，"钟某某销售伪劣产品案"，尽管辩护人对 A 市市场监督管理局和 B 市市场监督管理局分别出具的伪劣产品确认书提出质疑，审判机关仍旧以该行政认定系行政主管机关依职权作出为由，采信了该行政认定，并将其作为认定案件的主要根据②。但显而易见的是，一方面，被告方的证据收集能力和专业知识技能难与行政机关、司法机关相抗衡，审判机关片面采信行政认定，实质是将举证责任转移至被告方，这不仅没有法律依据，也违反证明责任原理。另一方面，公安、检察、法院三机关过度倾向于采纳行政认定，实质是给行政权干预司法权打开方便之门，这将严重损害司法权威性、公正性。再者说，或许行政认定能够准确反映客观事实，但刑事证明并非追求客观真实而是法律真实③，并且，即使抵达了"法律真实"也不直接导致犯罪成立与刑罚后果，因为法律科学不是自然科学。"法的功能在于通过法律规范实现目的与价值"，"对法学家（法律人）而言，重要的不是逻辑思维，而是进行目的理性思维。法学家面临的多数问题涉及解决方法的合理性、实质公正性或者合目的性，因此不能简单地用'对'

---

① 蒲阳：《准确把握涉食品药品犯罪行政认定与刑事认定》，《检察日报》，2017 年 8 月 14 日第 003 版。
② 刘玫、胡逸恬：《行政认定的证据能力——以刑事庭审实质化为视角》，《甘肃政法学院学报》，2018 年第 6 期，第 135 页。
③ 姜明安：《行政法》，北京大学出版社，2017 年，第 425 页。

或'错'来评价"①。更何况，我们是否能够说，所有行政机关在任何场合依职权、依申请作出的事实认定都能够达到"客观中立""真实无误"的程度？显然答案是否定的。

总而言之，当下我们面临两难困境：在刑事诉讼中，行政认定的证明作用不容否定，但行政认定蕴含的负面因素又客观存在。我国司法人员一般性地接纳了行政认定，但我国刑事诉讼法在证据种类的规定中又没有明确包括行政认定。当然，从立法论的角度而言，我国刑事诉讼法规定证据种类的做法存在不合理的因素，因为"证据种类的不周延使证据审查规范体系可能潜藏相互冲突的危险"，而且"当证据种类本身发生混淆，以其为基础的证据审查规范自然容易发生混乱"②。但从解释论的角度来说，既然立法已经做了这样的规定，就必须严格予以遵守，不得轻易否定。于此而言，行政认定是否应作为证据适用、作为何种证据适用，以及审查判断的标准如何，就是值得理论上予以谨慎检讨的问题。

二、研究现状

当前整个法学界对行政认定的研究呈现出的整体特点：行政法、刑法学者讨论激烈，而诉讼法/证据法学者则较少。行政法学界侧重于对行政认定作为具体行政行为属性的研究，如行政认定与行政确认的关系、行政认定的可诉性等问题③。刑法学者则集中于讨论行政认定的构成要素地位、违法性判断等问题④。在各自关切的问题领域内，行政法学者、刑法学者都建构了相当丰厚的部门法理论和解释性规则。但是，诉讼法学者似乎不太重视行政认定的证据理论问题，这使得行政认定成为证据法研究空白领域。

当前国内诉讼法学界以"行政证据的刑事转化（或衔接）"为主题加以探

---

① 伯恩·魏德士：《法理学》，丁晓春、吴越译，法律出版社，2013年，第130页。
② 吴洪淇：《证据法体系化的法理阐释》，《法学研究》，2019年第5期，第164页。
③ 姜明安：《行政法》，北京大学出版社，2017年，第387页；姜明安：《行政法与行政诉讼法》，北京大学出版社，2015年，第243~244页；杨小君：《关于行政认定行为的法律思考》，《行政法学研究》，1999年第1期，第60页；章剑生：《现代行政法》，法律出版社，2019年，第146~148页；等等。
④ 王崇青：《行政认定不应作为行政犯认定的前置程序》，《中国刑事法杂志》，2011年第6期，第17页；时延安、黄炟璇：《行政认定的刑事司法审查》，《人民检察》，2017年第17期，第11页；陈兴良：《法定犯的性质和界定》，《中外法学》，2020年第6期，第1483页；等等。

讨，积累的理论素材也相当丰厚①。但需要注意的是，这一理论主题的研究对象是"行政（执法）证据"，而不是"行政认定"。行政证据对应的规范是《刑事诉讼法》第54条第2款，即行政机关在行政执法和查办案件过程中收集的物证、书证、视听资料、电子数据等证据材料，在刑事诉讼中可以作为证据使用。学界研究行政证据是偏重于行政机关收集的证据在刑事诉讼中作为证据使用的程序性、实体性判断规则，目的在于理顺行政权与司法权的权力分工和互相制约关系，以及行政违法案件与刑事违法案件的交叉关系。然而，对于行政认定能否通过扩大解释的方式适用于《刑事诉讼法》第54条第2款、增进该款的内在价值，以及如何审查行政认定的证据能力及证明力问题却被忽视，长期未得到回应和解决。

总而言之，当前诉讼法学界对"行政证据的刑事转化"研究是比较充分的，但对行政认定展开的专门研究则严重不足。从笔者考察的文献来看，从证据法角度专门讨论行政认定的，主流学术期刊仅有4篇学术论文，学位论文和专门著作更少。而在这4篇学术论文中，学者主要讨论了行政认定的证据类型②、证据能力③、审查规则④三个方面的问题。虽然这些讨论有一定的参考借鉴意义，但在研究深度、广度、体系性方面都难以令人满意。

三、论题演进

行政认定在司法实务中作为证据适用已经是一种较普遍现象，那么究竟是从何时开始，行政认定进入刑事诉讼中呢？从笔者收集的文献和案例来看，在

---

① 代表性研究成果，参见练育强：《行政执法与刑事司法衔接中证据转化研究》，《探索与争鸣》，2017年第4期，第98页；张晗：《行政执法与刑事司法衔接之证据转化制度研究——以〈刑事诉讼法〉第52条第2款为切入点》，《法学杂志》，2015年第4期，第120页；黄世斌：《行政执法与刑事司法衔接中的证据转化问题初探——基于修正后的〈刑事诉讼法〉第52条第2款的思考》，《中国刑事法杂志》，2012年第5期，第93页；高通：《行政执法与刑事司法衔接中的证据转化——对〈刑事诉讼法〉（2012年）第52条第2款的分析》，《证据科学》，2012年第6期，第648页；程龙：《行政证据在刑事诉讼中使用问题研究》，法律出版社，2018年；等等。
② 李薇薇：《行政认定的证据类型及审查判断规则初探——以内幕交易案件为视角的分析》，载李学军：《证据学论坛（第17卷）》，法律出版社，2012年，第144页。
③ 刘玫、胡逸恬：《行政认定的证据能力——以刑事庭审实质化为视角》，《甘肃政法学院学报》，2018年第6期，第134页。
④ 邵俊武：《论行政鉴定及其司法审查》，载何家弘：《证据学论坛（第15卷）》，法律出版社，2010年，第37页；翁自力、沈蔚林：《行政认定在刑事诉讼中的证明力及审查判断规则解析》，载贺荣：《公正司法与行政法实施问题研究（上）——全国法院第25届学术讨论会获奖论文集》，人民法院出版社，2014年，第692页。

1992年由最高人民检察院《刑事犯罪案例丛书》编委会编写的《破坏自然资源的犯罪》中，最高人民检察院工作人员对破坏自然资源类犯罪的证据认定就明确表示，在这类犯罪案件的查处过程中，"国家保护的珍贵、濒危野生动物、国家重点保护植物保护等级、制品价值的认定"，以及"违法行为是否造成了应该科处刑罚的后果"，一方面要严格根据相关立法文件、司法解释确定的标准，另一方面"考虑到这些犯罪的认定具有专业性、复杂性，我们有些同志不一定把握得准确……"，故"必须严格按照相关自然资源管理法规"予以确定，"有些场合可以适当咨询自然资源部相关同志的意见，让他们出具认定书"[①]。而在最高人民法院刑事审判第一庭主编的《刑事审判参考（2000年第2辑）》关于第8号案件"王某成生产、销售伪劣产品"中，争议焦点也在于，王某成生产销售的重油膨化剂、重柴油膨化剂是否属于伪劣产品。虽然《中华人民共和国标准化法》规定了产品质量标准，分为国际标准、国家标准、行业标准、地方标准和企业标准，但是这些标准无一例外都难以用于认定王某成生产、销售的重油膨化剂、重柴油膨化剂是否属于"不合格产品"。但法院还是判决王某成构成犯罪，其采信的证据清单中明确列举了"中国石油化学工业总公司石油化工科学研究院的成分分析意见"[②]。由此可以推测，可能自1978年、1979年颁布刑法、刑事诉讼法以来，我国司法实务中就已经广泛地将行政机关出具的认定材料作为证据加以使用。

那么，行政认定又是从何时开始成为一个证据法论题受到学者关注的呢？从笔者看到的文献而言，在早期刑事诉讼法、证据法的教科书和著作中，学者几乎没有提及"行政认定"。这一方面缘于当时学者对"行政认定"没有形成一个统一的概念术语，欠缺讨论问题的话语前提。另一方面根源于当时不完备的"司法鉴定制度"。如学者指出，我国自1978年、1979年先后颁布刑法、刑事诉讼法以来，虽然有不同形式的鉴定机构（如高校科研机构设立的司法鉴定中心、医疗卫生机构设置的法医鉴定部门等）通过其鉴定活动参与刑事审判、辅助审判者形成心证，但总体而言彼时"司法鉴定"的理论内涵和制度运作都没有一定章法。公安、检察、法院三家机关的鉴定活动处于"各行其是"状态，"司法鉴定"也表现出行政化、多头化的特征，严重违背"司法鉴定"

[①] 最高人民检察院《刑事犯罪案例丛书》编委会：《破坏自然资源的犯罪》，中国检察出版社，1992年，第380~383页。

[②] 最高人民法院刑事审判第一庭：《刑事审判参考（2000年第2辑）》，法律出版社，2000年，第3~5页。

本应有的独立性、中立性、科学性立场①。直到 2005 年我国才出台专门性的用于管理司法鉴定机构、规范司法鉴定活动、改革司法鉴定制度的规范文件，即《全国人民代表大会常务委员会关于司法鉴定管理问题的决定》（以下简称《司法鉴定管理决定》）。即是说，在立法者出具专门的规范性文件之前，理论界和实务界没有区分"行政认定"与"司法鉴定"，学者可能事实上讨论了行政认定的一些问题，但形式上只是将之与"司法鉴定"混同一起、综合讨论。因此，在学者看来行政机关出具的认定意见与司法机关出具的"鉴定意见"没有什么本质不同，所以不值得专门讨论。但是在后来，部分学者还是发现了行政认定与司法鉴定的不同。陈光中先生于 2002 年主编的《刑事诉讼法》首次将行政机关出具的"认定书"作为独立的证据材料予以介绍，而没有简单地将其置于"鉴定结论"的项目下加以分析。陈光中先生明确表示这种由行政机关出具的认定书应当归入"书证"②。然而，较为遗憾的是，陈先生的这一观点在一定时间内没有引起学界的重视。

2004 年出台的《中华人民共和国道路交通安全法》成为一个转折点。由于该法第 73 条将"交通事故认定书"明确地规定为交通事故处理的"证据"，即"公安机关交通管理部门应当根据交通事故现场勘验、检查、调查情况和有关的检验、鉴定结论，及时制作交通事故认定书，作为处理交通事故的证据。交通事故认定书应当载明交通事故的基本事实、成因和当事人的责任，并送达当事人"。同时缘于上述 2005 年《司法鉴定管理决定》的出台，学界才开始意识到交通事故认定书存在值得研讨的证据法问题。在此后的一段时间内，交通事故认定书的证据种类、证据形式成为学界的热议话题，学者间针锋相对、你来我往，将问题推至一个"小高潮"。具体来说，王跃进率先表示交通事故认定书可以作为证据但不能归入"鉴定结论"③，但旋即刘国辉等学者发表反对见解，主张交通事故认定书应归入"鉴定结论"④。有学者在这基础上进一步指出，交通事故认定书可以认为是一种"新型的鉴定意见"，即"鉴定意见的

---

① 霍宪丹：《关于促进司法鉴定实现科学发展的几点思考》，《中国司法鉴定》，2009 年第 1 期，第 5 页；闵银龙：《论我国高校司法鉴定机构的完善与发展》，《中国司法鉴定》，2008 年第 3 期，第 15 页。关于我国司法鉴定制度的发展、完善历程的详细梳理，参见蒙成：《司法鉴定制度研究》，西南政法大学，2016 年，第 3 页。
② 陈光中：《刑事诉讼法》，北京大学出版社、高等教育出版社，2002 年，第 138 页。
③ 王跃进：《交通事故责任认定书不是鉴定结论》，《检察日报》，2005 年 8 月 23 日第 003 版。
④ 刘国辉、董长征：《交通事故责任认定书应界定为鉴定结论》，《检察日报》，2005 年 11 月 17 日第 003 版；汪海燕：《交通事故认定书属于鉴定结论》，《检察日报》，2006 年 4 月 18 日第 003 版；张栋：《"交通事故责任认定书"的证据属性》，《中国司法鉴定》，2009 年第 2 期，第 73 页。

下位类型"①。随后有学者先后主张"书证说""证人证言说""勘查、检验笔录说"②。这些观点的共性在于,一方面,学者的目的是试图在我国证据种类制度下,为交通事故认定书进行正确归类,使其能在刑事诉讼中得以"名正言顺"使用;另一方面,任何一种归类的观点都有一定的理由,但也都存在不能自圆其说之处。对此,学界又演化出三种路径:

其一,根本上否认交通事故认定书的证据能力,禁止刑事诉讼活动中采用交通事故认定书。有学者主张,既有的观点虽然都有一定的理由,但从根本而言,我国刑事诉讼法采取证据种类这一明文制度是不容变相否定的。证据种类制度是对证据形式作出的规定,有其良好的立法用意,约束国家的司法权力,规范司法权力运行,避免司法机关恣意任性。所以,应当严格遵守证据形式合法性的要求,交通事故认定书不符合任一证据形式,就不能归入刑事证据③。

其二,肯定交通事故认定书的心证形成作用,但否定交通事故认定书的证据能力,而是归入"司法认知"的范畴。刘品新认为,一方面,不能否认交通事故认定书对刑事审判不产生任何推进作用,也不能一概禁止交通事故认定书进入刑事审判。但是没有必要将交通事故认定书归类为何种证据。因为交通事故认定书与证据的客观性、关联性、真实性没有联系,也无需适用证明力规则。即是说,交通事故认定书根本上就不具备证据属性。另一方面,从实务运作来看,"法官在审理交通肇事罪中,以交通事故认定书为依据对案件事实作出了一个判断,这其中实际上至少包含着两次判断过程。第一次是交通警察的认定,第二次是法官的认定,后者是以前者为基础的。这就相当于在关联诉讼中,如果在先审结的案件中法院已经作出了一个生效判决,其中对案件事实作出了确定;那么,在后审理的案件中法院可以依据'已为人民法院发生法律效力的判决所确定的事实'直接裁判,而无需当事人举证"④。基于此,法官采信交通事故认定书,其实就是对已有法律效力的事实的认定和采纳,这本就是

---

① 薛晓蔚:《鉴定意见的一种新类型——行政认定意见》,《太原师范学院学报(社会科学版)》,2013年第5期,第40页。
② 管满泉:《论交通事故认定书的证据属性》,《中国人民公安大学学报(社会科学版)》,2008年第6期,第76页。
③ 赵信会:《对交通事故认定书证据属性的质疑》,《法学论坛》,2009年第6期,第116~120页。
④ 刘品新:《交通事故认定书存在明显错误其法律效力如何认定?》,《中国审判》,2008年第3期,第69页。

一种司法认知活动①。

其三，既肯定交通事故认定书的心证形成作用，也肯定交通事故认定书的证据能力，并以此为基础展开立法论批判。有学者认为，交通事故认定书的证据作用不容否认，但是既有"对号入座"的观点都存在各种解释障碍，而这一问题归结于我国刑事诉讼法采取证据种类制度的立法痼疾。在这一点上，学者进行了立法论批评，实践中肯定不只交通事故认定书这一种立法没有明确规定，但又具有司法适用性的证据类型，据此而言，"法定证据种类对证据理论研究和司法实践形成了障碍。为了保持法之稳定性和前瞻性，建议对证据的法定概念和分类进行完善，即在立法上规定概括的证据概念，对证据种类不做规范"②。

概言之，对于交通事故认定书的证据法问题，我国学界曾进行了激烈的讨论。这些讨论使得行政认定成为证据法理论上的一个独立性论题，而且上述各种学说至少在行政认定的证据种类问题上，详细列出了各种可能性解答，为学界后续展开跟进研究提供了基础性理论素材。

事实上，在"交通事故认定书的证据法问题"论战之后，学界跟进零星讨论行政认定的其他证据法论题。例如，李薇薇以内幕交易案为例，讨论行政认定在刑事司法活动中的运行情况，行政认定适用于刑事诉讼的原因，行政认定的证据类型、审查规则③。刘玫、胡逸恬、邵俊武、刘洋等学者则站在了更为中观的角度，不局限于个别类型的犯罪案件，而是从行政认定司法运用整体现状，讨论行政认定在刑事诉讼的证据能力及其审查规则④。

行政认定的证据法论题在我国经历了"从无到有""从个别到一般"的纵向深入讨论。然而正如前述，当前学界对行政认定仍然是零散式的讨论，深入程度也不够。这一方面缘于证据法各论题的研究本身有一定的局限性，因为任何一个证据法问题都大体集中于证据能力、证明力这两个方面，特别是从法解释学的方法论进行考察，本质都是"戴着镣铐起舞"，可以展开的空间确实有

---

① 刘品新：《确定交通事故认定书证据形式实无必要》，《检察日报》，2006年5月16日第003版。
② 戎百全：《交通事故认定书的证据地位辨析》，《学术交流》，2006年第1期，第49页。
③ 李薇薇：《行政认定的证据类型及审查判断规则初探——以内幕交易案件为视角的分析》，载李学军主编：《证据学论坛（第17卷）》，法律出版社，2012年，第144页。
④ 刘玫、胡逸恬：《行政认定的证据能力——以刑事庭审实质化为视角》，《甘肃政法学院学报》，2018年第6期，第134页；邵俊武：《论行政鉴定及其司法审查》，载何家弘：《证据学论坛（第15卷）》，法律出版社，2010年，第37页；刘洋：《行政认定书的刑事诉讼运用及其限度》，《汕头大学学报（人文社会科学版）》，2019年第4期，第65页。

限。当然，本书仍然以法解释学为方法导向（笔者不打算以此辩护本书以下论述可能存在的局限性），说明当前学界研究缺陷的原因。另一方面则缘于当前学界对行政认定概念的基础性分析不够充足，例如，对行政认定的概念界定不够规范，对行政认定的表现形式归纳不成体系，也没有对行政认定的适用场域（针对的犯罪类型、证明对象）作出分析，仅仅是表现为单纯的经验性归纳，没有上升到一定的理论性高度，这也是本书接下来要首先研究的基础性问题。

四、本书架构

行政认定运用到刑事诉讼之中，产生了许多值得研究的问题，大体归纳起来主要有以下三个方面：

其一，行政认定的证据归类问题。如上所述，在交通事故认定书的论战中，学者对行政认定的证据归类展示了五花八门的见解，而这些争议和分歧至今没有得到完全解决。于是造就了这样一个现象，即实务人员都在使用行政认定，但不会刻意强调行政认定属于何种证据，而理论界对行政认定的证据归类又处于各说各话的状态，这使得行政认定成为中国刑事诉讼法中或隐或现的影子。诚如学者所说，我国采取证据种类制度是有其合理根据的，如果不能对行政认定的证据类型作出界定，那行政认定必然是"名不正、言不顺"。事实上，如果稍微考察一下相关的司法案例，就可以发现这样一个常见现象：只要在庭审中控方举出行政认定，辩方就一定会质疑行政认定的证据资格、证明力，法官也经常不给予细致说理就采纳控方意见，而辩方也经常会以此作为上诉甚至申诉的理由。由此可见，在我国采取证据种类制度下，行政认定的证据归类是不可回避的问题。当然，如果从立法论角度来说，未来立法者明确将之定位则该问题就不值得讨论，但是在这之前，仍有必要加以探讨，一方面为当前司法适用提供有说服力的操作方案，另一方面也为立法者提供理论见解。

其二，行政认定的证据能力审查问题。行政认定具有行政机关主体性、刑事证明辅助性、事实价值复合性、证明对象特定性。可以说行政认定相较于其他典型的证据种类，非常独特。如何根据这些特征建构出匹配的证据能力审查规则，是学界当前研讨的重心。我国学者一直认为，当前司法人员对行政认定养成了"依赖性"。依赖性的后果就是学者所说的行政认定架空刑事认定的问题。虽然这有一点危言耸听，但这种隐忧却是客观存在的。当前法律规范对行政认定的证据能力审查规范十分匮乏，虽有学者零散发表了一些见解，但没有引起大范围、集中性的讨论。这也使得当前司法实务人员更加漠视在庭审过程中对行政认定的实质审查，而只是形式性地经过举证、认证程序予以"一笔带过"。所以，对行政认定的证据能力的审查规则、审查要点、审查范围、对象鉴真等问题是值得深入探讨的。

其三，行政认定的证明力审查问题。行政认定是由具备专门知识、技能的行政机关作出的，天然地具备"专业性""公信力"，这使得司法人员容易对行政认定产生依赖。然而，这种依赖可能无形中使得司法权受到行政权的侵蚀，在一定程度上克减了被告人的辩护权利，淡化了刑事审判的功能，甚至导致刑事错案的发生。有实务人员这样认为，行政认定"具有较高的公信力，这种公信力在诉讼过程中可衍生为证明力上的优势。因此，行政认定的证明力要高于普通证据"。不难看出，司法人员过分看重行政认定的"公信力"，甚至直接将这种"公信力"转化为过高的证明力。为规范行政认定证明力的采信活动，需要构建一套符合行政认定特点的证明力审查规则，为实务办案和司法官自由心证的形成提供指引。

围绕上述问题，本书从证据法视角研究行政认定，并就全书结构作如下安排：

导论部分是全书问题意识的呈现，在归纳行政认定研究现状与论题演进的基础上，提出研究行政认定问题的必要性。

第一章是行政认定概论，主要研究行政认定的基本概念、类型与适用对象。行政认定牵涉行政法、刑法理论，有不少行政法、刑法学者参与讨论，学界对行政认定的认识是多维度的。但如果要作为一个证据法议题加以展开，就有必要对行政认定的内涵和外延做比较分析，并用证据法理论重新解读行政认定。该章对行政认定概念从行政法、刑法、诉讼法/证据法层面进行分析，指出行政认定在证据法视野下的应有之义，随后分析行政认定的表现形式以及适用对象（范围）。

第二章是行政认定适用的现状、问题及成因分析，从描述和解释的双重角度，通过数据分析和案例研判，对行政认定在实践中的适用现状进行描述，对存在的问题及成因进行解释。行政认定在司法实践中广泛适用且有作为法定犯追诉前置程序的倾向，而且行政认定证据归类混乱、采信标准不一。出现上述问题的主要原因就在于司法权威不足、司法官存在避责心态，理论界对行政认定证据价值以及能否进入刑事诉讼、证据能力和证明力研究不足，无法对司法实务形成有效指导。

第三章是行政认定的证据价值及进入刑事诉讼的合理性分析。无论从何种角度认识行政认定，均不可忽略行政认定的行政属性，其本质是行政机关权力运作的产物。将行政认定作为一种证据或者证明方法引进刑事诉讼，似有触碰司法独立底线、侵蚀司法权之嫌，学界对行政认定进入刑事诉讼这一司法现象也持有不同看法。因此，需要在理论层面挖掘行政认定的证据价值，指出其在刑事诉讼证明活动中的作用，理性剖析行政认定进入刑事诉讼这一特殊现象并论证其合理性。

第四章是行政认定的证据能力。我国刑事诉讼法对证据种类作出规定，其实就是对证据资格作出限定，如果不符合法定的证据种类，那么该证据材料就不具备证据能力，不得在刑事证明中使用。从实务运行现状来看，行政认定被广泛作为证据使用，但从证据法角度对行政认定的证据归类、证据能力和证明力研究成果却较为匮乏，也未构建行政认定的证据审查规则和庭审调查程序。那么，行政认定究竟属于何种证据种类，在刑事证明过程中应该根据哪些标准来审查行政认定的证据能力，这是本章要解决的核心问题。

第五章是行政认定的证明力。行政认定由具备专门知识和技能的行政机关作出，天然地具备"专业性"和"公信力"，这也使得司法人员容易对行政认定的证明力产生依赖。同时由于行政认定具有行政属性，其"不中立性"也一直为学者诟病。上述问题的解决均有赖于行政认定证明力审查规则的构建。因此，在讨论行政认定证据能力之后，需要回答行政认定究竟有多大的证明力，以及如何建构行政认定证明力判断规则。

结论部分对本书所做研究进行总结，归纳行政认定证据能力、证明力的主要研究成果和学术创新点。

第一章　行政认定概论

从行政法学角度分析,行政认定被界定为一种以行政机关为主体的认知性、评价性行为活动。学界主要围绕其是否属于具体行政行为、是否具有可诉性进行研究,而未将其视为一种材料或物质载体,所以人们一般不会想到这与证据理论相关,更不容易将其作为一个独立的证据法命题讨论。本书主要从刑事证据法的层面对行政认定进行研究,故首先需要从"可以用于证明案件事实的材料"角度,对刑事司法实务中行政认定的外在表现形式、物质载体进行类型化研究并作出概念界定,进而探讨其证据种类归属及审查问题。

第一节　行政认定的概念

法律解释学的重要方法是体系解释,即"将法律规范置于整个体系之中来理解,不能孤立地理解特定的条文和概念,而是要将其与其他的条文甚至整部法律结合起来、联系起来进行解释"[1]。"此项解释方法能维护整个法律体系之一贯及概念用语之一致,在法解释上确具价值。"[2] 拉伦茨曾言,"法律中的诸多法条,其彼此并非只是单纯并列,而是以多种方式互相指涉,只有透过他们的彼此交织及相互合作才能产生一个规整","我们不是在适用个别的法条,毋宁是整个规整"[3]。由上可知,对一个法律概念或者法律现象的理解,并非一项孤立的诠释性作业,只有将其置于整体法秩序中加以审视,才能准确获知其实在含义。

---

[1] 王利明:《法律解释学》,中国人民大学出版社,2016年,第163页。
[2] 杨仁寿:《法学方法论》,中国政法大学出版社,2013年,第143页。
[3] [德]卡尔·拉伦茨:《法学方法论》,陈爱娥译,商务印书馆,2003年,第146、149页。

当前诉讼法学者对行政认定概念界定、术语使用极为不统一，有的将之称为"行政鉴定"，有的将之称为"行政意见"，还有的将之称作"行政答复"。而关于行政认定的一些法律特性，诉讼法学者的理解也存在一些偏差和误解。有学者认为行政认定是一种行政行为，有的学者认为不是行政行为。由于刑法学者经常讨论行政认定与刑事认定的关系，有一些诉讼法学者也跟风讨论这一问题。殊不知，刑法学者讨论行政认定是从实体法角度讨论刑事违法判断的一般原则问题，这跟诉讼法学者解决行政认定的证据法问题没有直接关系。因此，在诉讼法学者从证据的角度界定行政认定之前，有必要考察行政认定的规范含义，特别是对行政法学者、刑法学者对行政认定的一般看法进行比较分析，然后从诉讼法、证据法的角度作出规范性界定。

一、行政法上的行政认定

在行政法上，行政认定具有何种含义、何种属性，目前未有定论。就行政认定的含义而言，行政法学界鲜见学者作出专门界定。明确发表见解的杨小君教授认为，"行政认定是指行政机关和法律法规授权的组织认定特定的事实和法律事实是否存在，并对外部予以表示的行为"，按照行政认定的对象不同，"行政认定可分为五种类型：其一，对行为的认定。主要有两种情形：一是对违法行为的认定，二是对事故责任的认定。其二，对物的认定。如质量监督部门对假冒伪劣商品的鉴定。其三，对权利的认定。如国家土地管理部门对土地性质的认定和土地使用权的确认。其四，对法律地位的认定。如对企业纳税人地位类别的区分认定。其五，对某种资格与某种能力的认定。如证券监督管理部门对内幕人员的认定"[①]。这五种划分较为细致，但有冗余之感。如果做一定的规整，其二和其三可归纳为"对行为对象或者客体的认定"，其四和其五可统称为"对行为主体或行为身份的认定"。据此来说，行政认定可以分为"行为的认定""对象的认定""主体的认定"。

之所以行政法学界少有学者对行政认定进行专门研究，缘于行政认定的行政法属性是不确定的，即行政认定是否一种独立的具体行政行为。这又分化为两个具体争议问题：其一，行政认定与行政确认的关系；其二，行政认定是否具有可诉性。针对前一问题，行政法学界认为，虽然可以认为行政认定与行政确认有紧密联系，甚至说行政认定是行政确认的一种形式，但两者存在本质不

[①] 杨小君：《我国行政诉讼受案范围理论研究》，西安交通大学出版社，1998年，第186页。

同，不能互相混淆。理由在于，行政确认主要是指一些行政登记行为，这些行政登记行为对相对人的权利和义务会产生实质性的形成、变更作用。比如，没有出生登记就不能得到关于民政方面的行政给付；没有结婚登记，夫妻的权利和义务关系不成立；虽然不经过房屋登记也可以享有房屋所有权（比如继承），但对房屋的转让却是受限的。而行政认定仅仅是行政机关对行政相对人权利和义务或者行政管制事项经过调查而做出的肯定或否定性结论，属于其他行政程序或者司法程序的附属行政活动，虽然行政认定对其他行政程序或司法程序的开展有推动作用，但它不直接影响相对人的权利和义务关系[1]。针对后一问题，行政法学界对行政认定是否具有可诉性存在较大争执。肯定论者认为，行政认定就是行政确认，两者都属于一种具体的行政行为，"行政认定行为的法律效果内容与其他行政行为一样具有确定力与拘束力"[2]，因而也就具有可诉性。但否定论者认为，行政确认与行政认定都属于"确认性行政决定"行为，而确认性行政决定只是其他实质性行政决定的前置程序，因确认性行政决定引发行政纠纷的，不能单独对之提起行政诉讼[3]。

从笔者查阅的文献来看，关于这两个问题，行政法学界至今没有统一见解。但是在一次立法解释中，我国立法者赞成了否定论，即行政认定不是行政确认，行政认定不具有可诉性，所以行政认定不是具体行政行为。具体来说，湖南省人民代表大会常务委员会法制工作委员会于2004年12月17日向全国人民代表大会常务委员会法制工作委员会请示"关于交通事故责任认定行为是否属于具体行政行为，可否纳入行政诉讼受案范围"。全国人民代表大会常务委员会法制工作委员会接到该请示后，经研究于2005年1月5日批示回复，指出交通事故责任认定行为不属于具体行政行为。如此而言，在我国立法者看来，交通事故责任认定书一类的行政认定不能被视作具体行政行为。虽然对这一立法解释的立场，行政法学者仍有微词[4]，但如果将上述两个问题结合考察的话，其实立法者的立场是比较适当的。因为，既然行政认定不会对相对人的权利和义务产生直接性、实质性影响，那么其就不具有被提起行政诉讼的可能性或者必要性。行政认定只是行政程序或者司法程序的前置环节，如果当事人

---

[1] 姜明安：《行政法》，北京大学出版社，2017年，第387页；姜明安：《行政法与行政诉讼法》，北京大学出版社，2015年，第243~244页。
[2] 杨小君：《关于行政认定行为的法律思考》，《行政法学研究》，1999年第1期，第60页。
[3] 章剑生：《现代行政法总论》，法律出版社，2019年，第146~148页。
[4] 例如有学者针对反恐行政认定行为其实仍然是具有可诉性的，参见戚建刚：《反恐行政认定行为的不可诉性商榷》，《中外法学》，2018年第4期，第976页。

认为自己的权益受到公权力机关的不当侵害，那么当事人应当针对行政认定之后的行政行为或者司法行为采取救济，如针对行政行为提起行政复议、行政诉讼，或者针对司法判决不服提起上诉。

概言之，当前行政法学者对行政认定的研究集中在行政认定的行政行为属性问题。虽然对此及其关联性问题，行政法学者还存在一定争议，但结合立法解释来看，行政认定的行政法含义可被界定为，不对行政相对人的权利和义务产生实质影响、不具有可诉性的非典型行政活动。

二、刑法上的行政认定

在刑法上，学者关切的问题点是行政认定与刑事认定的关系。刑法学者的一般看法是："刑事认定具有独立性，不依附于行政认定，行政机关对违法犯罪事实的认定不直接导致刑法上做出何种判断。"[①] 很明显，这是就刑事违法的判断立场而言的。具体到行政认定的概念界定，刑法学者没有完全依据行政法上的见解，而是从刑法的角度予以独自解读。例如，陈兴良教授认为，行政认定在行政法上的性质归属没有完全确定，所以可以直接从刑法自身的视角加以确定：其一，行政认定可划分为"依职权"和"依请求"两种类型，后一类型还可以分为对行政违法事实的认定和行政违法性质的认定。其二，行政认定面向的是对法定犯前置行政违法事实和性质的认定，对法定犯刑事违法性判断具有重要的参考作用，但是司法机关对行政认定不具有依附性。因为，法定犯具有双重违法性，行政认定只是对行政违法本身的认定，而不是对刑事违法的认定，司法机关对行政机关作出的认定具有独立性，而不是从属性[②]。

刑法学者强调行政认定不具有决定性、终局性的立场是正确的。因为对任何事实的认定及其规范评价，都是由法官享有决定权，行政机关的认定只具有参考作用。但是，刑法学者将行政违法与刑事违法对立起来的做法不太合适。因为，既然法定犯具有双重违法性，那么法定犯的行政违法就是刑事违法的组成部分，在这个意义上，行政机关作出的行政认定就不是单纯对行政违法事实或性质的判断，而是对法定犯的刑事违法事实或性质的判断。特别是在"依请求作出的行政认定"的场合，司法人员请求行政机关作出行政认定，其实就已

[①] 王崇青：《行政认定不应作为行政犯认定的前置程序》，《中国刑事法杂志》，2011年第6期，第17页。

[②] 陈兴良：《法定犯的性质和界定》，《中外法学》，2020年第6期，第1483页。

经是司法人员要求行政机关对犯罪事实作出判断，所以没必要认为行政机关只能是对行政违法事实作出认定。

虽然也不乏争议，但可以明确，在刑法学者看来，行政认定是行政机关对行政违法事实或性质的判断，而不是对犯罪事实本身的判断，由此可将行政认定界定为刑事违法判断参考资料。

三、诉讼法上的行政认定

对于诉讼法学者而言，应当如何界定行政认定的含义？有无必要直接采纳行政法学者、刑法学者对行政认定的界定？笔者持否定回答。理由在于，行政法学者对行政认定的界定，是从行政行为的本质属性予以展开的。对行政认定与行政确认的关系，以及行政认定是否具有行政诉讼的可诉性问题的探讨，目的是行政认定作出后的行政纠纷解决，所以行政法学者对行政认定的看法不直接决定诉讼法学者如何界定行政认定。更何况，当前行政法学界对行政认定的属性是没有定论的。所以，在诉讼法层面，我们不必过分在意行政认定是否是一种具体行政行为及其可诉性问题。而刑法学者对行政认定的界定，主要是为了解决行政认定与刑事认定的关系问题，这其实是刑法学界历来讨论的刑事违法判断论的问题。但刑法学者对行政认定的讨论，是在抽象层面讨论刑事违法的一般性判断立场。刑法学者认为行政认定不能取代刑事认定、行政认定对刑事违法的判断具有参考作用而不具有决定作用的这些主张，表面上具有极强的说服力，但实际只具有宣示性意义。因为刑法学者对行政认定的讨论是一种观念讨论，不是一种事实性的讨论，其所得出的结论也顶多是一种常识性结论。更何况，刑事违法的独立性判断只是一种判断立场，不是一种具体判断方法。具体如何判断，根本上还是要落实在动态的刑事证明过程中，即行政认定证据能力和实质审查的问题。此意义上，刑法学者在行政认定问题上的讨论，对于诉讼法学者来说也没有太大的指导性意义。

然而，行政法学者与刑法学者对行政认定的讨论也并非毫无益处。归纳起来，至少有两点参考性意见：其一，行政认定不是一种典型的行政行为。有实务人员认为"刑事诉讼中的行政认定属于具体行政行为，一般来说，其所认定的事实也相应地具有公定力、先定力和执行力，非经法定程序不得改变"[①]。

[①] 帅海祥、王朋：《刑事诉讼中正确对待行政认定事实》，载周骏如：《检察实践与思考》，学林出版社，2008年，第460页。

结合上文行政法学者的观点来看，这种看法并不正确。因为行政机关对行为、对象、主体的认定，不直接影响当事人的权利和义务，所以不属于具体行政行为。也缘于此，行政认定进入刑事审判作为证据使用，虽然有行政权干预司法权的疑虑，但不存在行政权架空司法权的原则性弊病。所以，对于行政认定的刑事程序准入性，原则上是应当给予肯定的。其二，行政认定仅仅是刑事违法判断的参考性材料而不是决定性根据，明确这一点可以理顺行政认定与刑事证据之间的关系。即是说，行政认定与刑事证据并没有直接联系，首先需要明确行政认定的证据资格，并在这个基础上对行政认定的证据能力和证明力进行调查，只有经过庭审审查、举证质证，才能作为刑事证据适用。

有诉讼法学者将行政认定界定为"由行政机关依照法定管理权限出具的，作为证据在刑事诉讼中用于直接或间接证明涉案行为违法的材料"[①]。这一界定既不周延也不准确。其一，行政认定并非完全是依职权作出，有很多场合是司法人员要求或者请求行政机关作出；其二，行政认定并非当然地具有刑事证据属性，行政认定如同行政执法证据一样，只有经过一定的转化程序才能称其为证据，而在转化之前，行政认定就只是行政机关单方面的说明材料，不具备任何实体性、程序性法律效力。

此外，如上所说，有诉讼法学者如刘品新将行政认定归入司法认知，但在本书看来这种界定也并非正确。理由在于，其一，就概念内涵而言，司法认知是一种证明方法，其适用对象是指在审判过程中不需要举证可以直接确认作为裁判依据的事实，如众所周知的事实、无争议事实、法官依职务知悉事实等[②]。"不需举证"是司法认知对象的核心特征，但是行政认定，无论是行政机关作出的价值评价还是事实鉴定而形成、固定的材料，在审判过程中都需要由控方作为证据材料加以举证并接受质证，法官并非可以当然地将其作为裁判依据。其二，就法律规范而言，最高人民检察院2019年《人民检察院刑事诉讼规则》第401条规定了六项事实免于证明，但六项之任一项都不能包括行政认定。例如，第（三）项规定之审判人员履行职务应当知晓的事实，形式上看或许包含行政认定，因为行政机关作出的行政处罚决定或者违法事实认定属于法官应当知晓的事实，但其实这一事实也需要经过控方举证才能为法官知晓。而且，控方不举证，直接由法官认定相关事实，意味着当事人丧失了对行政认

[①] 翁自力、沈蔚林：《行政认定在刑事诉讼中的证明力及审查判断规则探析》，载贺荣：《公正司法与行政法实施问题研究（上）——全国法院第25届学术讨论会获奖论文集》，人民法院出版社，2014年，第693页。

[②] 何家弘、刘品新：《证据法学》，法律出版社，2019年，第294页。

定的质证权，以及对行政认定确认违法事实的抗辩权。例如，行为人走私普通货物符合《刑法》第153条第（一）项后段情形，即一年内曾因走私被给予两次行政处罚后又走私的，在侦办过程中，侦查机关要将行为人受过行政处罚的书面材料，即海关部门出具的处罚决定书作为证据移送给检察院一并审查。倘若认为行为人受过海关处罚的事实是免证事实，那么即便行为人受过两次行政处罚存在重大违法情形，行为人也不能提出抗辩。这显然不妥当。所以，不能将行政认定纳入司法认知的范畴。

基于此，本书对行政认定作出的界定是：在刑事诉讼中，特定行政主管机关依职权或者依司法机关申请针对涉案行为、对象、主体作出的可作为刑事证据加以使用的专业性认定、鉴定材料。值得注意的是，行政认定与司法鉴定高度类似。2021年最高人民法院《关于适用〈中华人民共和国刑事诉讼法〉的解释》第100条、101条规定：非司法鉴定机构的专业知识人对专业性问题出具报告，以及有关部门对事故进行调查形成的报告，可以作为证据使用，并且比照鉴定意见的规定进行审查和认定。而且，这两条被规定在第五节"鉴定意见的审查与认定"中。从文义和体系解释的角度来说，最高人民法院其实是将行政认定作为司法鉴定的一种特殊类型，但是两者又存在本质的不同。如何厘定行政认定与司法鉴定的关系，目前学界尚未形成统一见解。在本书看来，可以从共同与相异两个方面予以把握。

一方面，行政认定与司法鉴定的共同之处在于两者都属于意见证据。即是说，与国外的专家证人类似，在启动原因、生成方式、表现形式层面，行政认定、司法鉴定其实都是由司法人员依法获取的，由一定领域具有专门性知识、技能的人（专家证人）针对专门性问题提出的，辅助裁判者形成心证的意见证据。两者都与证人证言存在显著区别，即"后者是证人就其所知道的案件事实情况所做的陈述，属于对事实的描述，而不是根据一定的专业的事实、技能进行的专门判断"[①]。

另一方面，行政认定与鉴定意见的不同之处在于：其一，主体不同。一般来说，作出行政认定的主体是特定行政管制领域、担负专门管理职责的行政机关，分布于工商、金融、税收、环保、海关、卫生等行政主管部门。由于公安机关具备行政机关和司法机关两种职能，在特定场合公安机关也可能作出一些认定，至于公安机关作出的认定是归纳为行政认定还是属于随案移送的书证材料，则应当分情形而定。而鉴定意见的作出主体是具有法定资格并依法登记、

[①] 张建伟：《证据法要义（第二版）》，北京大学出版社，2014年，第272页。

在一定鉴定组织机构从事鉴定业务的人员。其二，证据能力不同。行政主管机关作出行政认定是为了协助司法人员完成犯罪事实的证明，不是行政机关为了自身的行政执法职责而对行政违法事实的证明，所以行政认定不是行政机关依职权收集的行政证据，两者应当严格区分。即是说，行政认定的根本目的在于帮助刑事法官形成心证，行政认定可以作刑事证据，但行政认定与刑事证据不能画上等号，而是要履行一定的转化过程。相反，鉴定意见属于法定的证据种类之一，只要是依照法定程序作出的鉴定意见，就具有证据资格。其三，性质不同。尽管我们倾向于认为行政认定是行政机关根据专业知识作出的事实判断，但实践运行中行政机关不可能做到完全的客观中立。因为行政机关对行为、对象、主体作出的肯定或者否定性认定，并非单纯对事实的判断，而是将事实涵摄于规范的法律解释过程。而法律涵摄结论的做出，必然无法绝缘于价值判断。特别是在有些案件中，个别行政机关明显受部门利益驱动而作出行政认定。因此，那种认为行政认定是一种中立性判断的观点应当被否定。相反，鉴定意见只能做事实认定，不能做法律评价。因为"鉴定人只不过是帮助法院认定某个证据问题的法院辅助者，不能代替或僭越法院的角色"[1]，鉴定人所能及应为者仅限于经验法则、因果经过等，法律评价层次的问题不在其职责所限。其四，发生案件不同。行政认定大多发生在法定犯案件的侦办过程中，而鉴定意见没有犯罪类型的限制，所有犯罪当中都可能需要司法鉴定。其五，启动程序不同。鉴定意见是由司法机关在侦办案件过程中指派、聘请鉴定人作出，程序上具有事后性，而行政认定既可能是司法机关在侦办案件过程中要求行政机关作出，也可能是事前已由行政机关依职权作出的文书，后由司法机关调取、固定下来的证据材料。

第二节　行政认定的类型

在对行政认定的概念作出规范界定之后，还需要对行政认定的类型和表现形式作出整理，这其实相当于对行政认定的外延予以明确。当前实务界、理论界对行政认定的认识较为混乱，准确归纳行政认定的类型与表现形式具有相当的重要性。一方面，这有助于完整展现司法现状，明确行政认定在司法实践中

---

[1] 林钰雄：《刑事诉讼法（上册 总论编）》，中国人民大学出版社，2005年，第394~395页。

的表现形式和主要类型，增加对行政认定的感性认识；另一方面，准确归纳行政认定的表现形式不仅是本书研究问题的前提工作，也为其他学者开拓这一问题领域提供基础素材。

一、实践分类

有学者认为，实践中的行政认定有五种形式："（1）行政处罚决定书；（2）行政机关向侦查机关提交的案件移送函；（3）行政鉴定；（4）行政答复；（5）事故认定书。"[①] 除此之外，有实务人员认为，"作为某些犯罪构成要素反映在刑事立法和有关司法解释中的行政认定事实，……如最高法院《关于审理交通肇事刑事案件具体应用法律若干问题的解释》等"也属于行政认定[②]。这种看法不正确。因为，其所谓由刑事立法、司法解释规定的"行政认定事实"，其实是指刑事立法或司法解释规定应当参照、援引的行政法上的一般规定。如《刑法》第141条、142条生产销售提供假药、劣药罪，对"假药、劣药"的认定，《刑法修正案（十一）》增加的作为《刑法》第142条之一的规定应当参照《药品管理法》；《刑法》第344条危害国家重点保护植物罪，对"重点保护植物"的认定，相关司法解释规定应当参照《国家重点保护野生植物名录》。虽然司法人员参照、援引这些行政规范文件也起到了行政认定的作用，因为行政法律法规对某些要素、标准的规定直接用于犯罪构成要件要素的具体化，形式上看也是行政机关的意见影响了司法人员的判断，但从本质而言，行政规范文件具有一般适用性，而行政认定是个案中行政机关作出的，只具有个案适用性。所以，行政规范文件不属于行政认定。

在笔者看来，刑事诉讼中的行政认定主要体现为行政处罚决定书、行政机关向侦查机关提交的案件移送函、行政鉴定、行政答复、事故认定书，具体如下。

（一）行政处罚决定书

行政处罚决定书原本是行政机关在发现、确认行政违法事实后，根据相关规定给予行政制裁留下的记录性材料。行政处罚决定书证明的是行为人曾经违

[①] 翁自力、沈蔚林：《行政认定在刑事诉讼中的证明力及审查判断规则探析》，载贺荣：《公正司法与行政法实施问题研究（上）——全国法院第25届学术讨论会获奖论文集》，人民法院出版社，2014年，第693页。

[②] 刘国辉、董长征：《交通事故责任认定书应界定为鉴定结论》，《检察日报》，2005年11月17日第003版。

反行政法律法规、受过行政处罚的事实。但是为什么行政处罚决定书能够作为刑事案件的证据材料呢？原因在于，我国刑法当中有一些犯罪的成立是以"受过行政处罚"为前提的，如《刑法》第153条走私普通货物、物品罪，第290条第三款扰乱国家机关工作秩序罪。还有些犯罪是以"受过行政处罚"作为刑罚阻却事由的，如《刑法》第201条逃税罪第4款规定："补缴应纳税款，缴纳滞纳金，已受行政处罚的，不予追究刑事责任；但是，五年内因逃避缴纳税款受过刑事处罚或者被税务机关给予二次以上行政处罚的除外。"显然，在这种场合，行政处罚决定书既可能作为"有罪证据"也可能作为"无罪证据"。除此之外，我国很多的刑法司法解释规定，行为人"受过行政处罚"是从重、加重处罚的根据。例如，2015年最高人民法院、最高人民检察院《关于办理危害生产安全刑事案件适用法律若干问题的解释》第12条的规定，"一年内曾因危害生产安全违法犯罪活动受过行政处罚或者刑事处罚的"，要"从重处罚"。此意义上，行政处罚决定书不仅可能作为"定罪证据"，还可能作为"量刑证据"。

（二）行政机关向侦查机关提交的案件移送函

案件移送函是指行政机关在行政执法中发现涉嫌刑事犯罪事实但未作出行政处罚，而是移送侦查机关时所出具的案件移送函。有观点认为案件移送函不应当属于刑事诉讼中可作为证据使用的行政认定。理由在于，行政机关向侦查机关提交的案件移送函，属于行政机关在行政执法过程中发现涉嫌犯罪事实而根据"行刑衔接"制度移送的案卷材料。虽然这一类材料有证明存在违法事实的作用，但本质上属于"行政证据"，而不是行政认定。换言之，案件移送函涉及的问题是"行政证据刑事转化"，对这一问题已经有相应的规范根据和配套性证据审查制度予以解决，所以不必归入行政认定的范畴。本书认为，案件移送函反映了行政机关对案件事实的认定、行为具有行政违法性的认定，这种函件往往是行政执法部门预判某种行为构成犯罪才把案件线索移交司法机关处理，实际上这种出具的意见往往就是构成犯罪的意见，因此归类于行政认定具有一定合理性。

（三）行政鉴定

行政鉴定是行政机关针对特定犯罪的行为对象或者后果的性质、数量、状态、价格等作出的专业性技术鉴定。例如，在生产销售伪劣产品罪案件的查处中，质检部门、食药监部门等对"伪劣产品""假药""不符合标准的医用器材"等的鉴定；在侵犯知识产权罪的查处中，知识产权局等对著作权、商标、专利等侵犯后果、非法所得等的估算；在妨害文物管理罪案件的查处中，文物局等对涉案"文物"的保护等级、毁损后果等作出的判断；在危害公共卫生罪案件的查处中，由卫生局或者聘请的专业医疗卫生工作人员对"传染病传播危险"等的检测等。当然，行政鉴定在实践中有不同的书面名称，有"检测报告书""检验鉴定书""审查情况书"等，不一而足。行政鉴定其实是行政认定的典型表现形式，因为行政鉴定与司法鉴定极为接近，有些行政机关被录入司法鉴定机构名录，那么由其作出的鉴定结论就是法定证据形式的鉴定意见。讨论行政认定要注意区分行政鉴定与司法鉴定，不能混淆二者。

（四）行政答复

严格来说，行政答复与上述行政鉴定没有太严格的划分界限，行政答复其实是上述行政鉴定的一种具体表现，或者说两者是交叉重合的。但之所以将行政答复单独列出作为一种行政认定，主要考虑是行政答复的作出形式没有行政鉴定那么严格，因而在证据能力、证据审查的问题上应当予以特别关注。实践中经常出现的情况是，在公安司法机关启动立案侦查之后，对某些犯罪要素的认定把握不准，司法人员便发函请求相应的行政主管部门作出答复，但是行政主管部门的答复显得过分随意，有的是具体负责人、意见作出人不给予签名盖章，而有的是答复内容未展示一定的论证过程，以寥寥数语"搪塞"之[①]。还有的情形是，法官在庭审之外通过电话、面谈的方式咨询专业工作人员。虽然从法官心证形成的角度来说这没有太大问题，因为法官形成心证的方式本就是可以多种多样的，但是如果在庭审过程中，法官不将之提出予以充分质证、认证，或者是在判决书的说理过程中不予以充分展示，将损害司法公正和权威。

（五）事故认定书

事故认定书是行政机关依照行政管理权限，对发生的事故经过勘察、技术分析和有关检验、鉴定，分析查明事故的成因、过程、损失并作出责任判断的法律文书。这一类行政认定比较常见，之所以出现在刑事诉讼中，主要是因为我国刑法中有不少责任事故类犯罪，这类犯罪的特征即事故责任的划分是确定刑事责任的前置环节。从犯罪构成要件来说，只有被行政机关认定应当对事故承担直接责任或者全部责任的，才能够按犯罪处理。换言之，行政机关对事故责任的划分其实是对犯罪主体的具体认定。

[①] 刘锋：《行政认定的刑法适用研究》，西南政法大学，2019年，第8页。

二、理论分类

除从实践表现形式对行政认定进行分类外，从理论上而言，还可以根据不同标准作出如下划分。

（一）根据作出时间的不同，可分为事前（诉前）行政认定和事后（诉中）行政认定

事前行政认定是指在刑事侦办程序启动之前就已经存在对应的行政处理材料，如行政机关基于行政违法的查处职责而依职权作出行政处罚决定，或者行政机关为后续行政程序、司法程序处理而做了事故认定书，在刑事侦办程序启动之后，司法人员为证明犯罪事实或者量刑事实调取这些材料。事后行政认定是指，在刑事侦办程序启动前原本不存在相应的行政处理材料，而司法人员在刑事侦办过程中请求、要求行政机关作出认定，如要求行政机关作出行政鉴定或者行政答复。值得注意的是，事前行政认定不等于行政证据。行政证据是行政执法机关为了证明行政违法事实而收集的证据，如行政机关查封的财物、场所，制作的笔录、视听资料等。行刑衔接中的证据转化针对的就是行政证据向刑事证据的转化，但行政认定一般不存在转化的问题，或者说各自转化的方式并不一样。

事前、事后行政认定的划分，其实也反映出行政认定在启动原因层面不同。即是说，事前行政认定是行政机关依职权主动作出的认定，而事后行政认定是行政机关在司法人员要求、请求下被动作出的认定。所以，事前、事后行政认定又可划分为依职权、依请求的行政认定[①]。

（二）根据行政认定解决问题性质不同，可划分为事实性行政认定与价值性行政认定

事实性行政认定是指行政机关对事物性质的有无、数量、程度作出的技术性鉴定，如文物部门对文物的鉴定，食药监部门对有毒、有害食品或者假药、劣药的鉴定，海关部门对走私物品类别的鉴定，等等。实践中，事实性行政认定有两种情形：一种是由行政机关在自己技术、专业能力范围内作出的鉴定；另一种是行政机关自身无法独立完成鉴定，转委托给第三方单位作出鉴定，最后由行政机关出具鉴定材料。一般来说，"如果是由行政机关指定或者委托的

[①] 陈兴良：《法定犯的性质和界定》，《中外法学》，2020年第6期，第1485页。

第三方机构（包括事业单位、企业）作出，则为行业性检验检测报告"[1]。例如，在食品安全类犯罪案件处理过程中，因为食药监部门自身的技术能力无法鉴别有些有毒有害食品、假药劣药，于是由食药监部门委托生物科技公司或者化学检验机构等出具检测报告[2]。

价值性行政认定则是行政机关作出的价值性评价的认定，既包括对行为性质违法性有无、程度的价值评价，也包括对一些规范性概念作出的价值性涵摄结论。例如，就逃税罪的司法适用而言，通常场合是逃税机关出具逃税鉴定或者认定，然后移送至公安侦查机关做刑事案件处理启动刑事追诉程序。逃税鉴定不仅是对行为人逃税的事实予以记载，同时也是对行为人违反税法相关规定行为的违法性及其程度的记载，因为对于逃税比例、金额的确定，是由税务机关通过解释、适用税收法律法规来确定的。再如，在办理走私、制作、贩卖、传播淫秽物品案件中，有一个关键问题是如何认定"淫秽物品"。根据1993年《新闻出版署、公安部关于鉴定淫秽录像带、淫秽图片有关问题的通知》，在办理这类案件过程中，省级以上新闻出版管理部门、音像归口管理部门，以及地市级以上公安机关治安部门负有职责鉴定什么是淫秽物品。而且该规定对鉴定程序做了具体规定。按照刑法上对构成要素之记叙要素与规范要素的划分，淫秽物品属于后者，即需要进行一定价值评价才能得出涵摄结论的要素[3]。显然，在这两种场合，行政机关作出的不仅仅是事实的认定，而是包含对法律含义的解释以及对事实能否涵摄进法律的判断，这是一种法规范的价值性判断。

事实性、价值性行政认定的重要区别就在于是否体现出行政机关的价值性评价。事实性行政认定是对记述性法律概念作出的偏重逻辑性涵摄结论，而价值性行政认定是对规范性法律概念作出的偏重价值性涵摄结论。所以，也有学者将行政认定区分为狭义的行政认定与行政鉴定，事实性行政认定是行政鉴定，等同于司法鉴定即鉴定意见，而规范性认定属于狭义的行政认定[4]。

当然，行政认定是否应当包含行政机关的价值评价，这一点在理论上有讨论的空间。如果将行政认定类比为鉴定意见，则价值性行政认定应当被否定。因为鉴定意见只能是对事实的鉴定，不能包括法律评价。但如果认为行政认定

---

[1] 胡保钢、谷永清、刘吉强：《刑事诉讼中行政认定的证据属性》，《人民检察》，2019年第16期，第23页。
[2] 张伟珂：《食品安全行刑衔接机制的理论与实践》，法律出版社，2017年，第176页。
[3] 张明楷：《犯罪构成体系与构成要件要素》，北京大学出版社，2010年，第189页。
[4] 罗翔：《论行政权对司法权的侵蚀——以刑事司法中行政鉴定的乱象为切入》，《行政法学研究》，2018年第1期，第59页。

是一种特殊的鉴定意见，或者独立于鉴定意见，则价值性行政认定也有存在空间。这一点将在后文有详细分析。此处需要指出的是，正如刑法学者指出，"规范的构成要件要素与记述的构成要件的区分具有相对性，二者并不存在绝对明确的界限"①。刑法上除了数字不是规范要素，哪怕是"人"这样平白的要素其实也需要价值性判断才能得出涵摄结论。换言之，刑法上的大多数构成要件都是规范性要素。同理，事实性行政认定与价值性行政认定的划分也是相对的，两者在价值评价上只是程度问题。例如，对有毒、有害食品的认定，虽然大多数情况下食药监部门直接根据既有的行政性标准予以比照即可得出结论，但事实并不总是如此。在行政标准都没有明确规定的情况下，如近年出现的"新型地沟油"事件，食药监部门也需要作出一定的价值衡量才能给出认定结论②。所以，仅从这一点而言，价值性行政认定是无法避免的。

第三节　行政认定的适用对象

根据实证研究分析，行政认定作为刑事证据加以使用并非发生在所有刑事案件中，而是局限在特定的案件且有特殊的目的指向。那么，究竟什么场合司法人员才需要借助行政机关的认定证明犯罪，司法人员使用行政认定是为了证明什么事实，即是说，行政认定面向哪些犯罪类型、证明对象为何，是值得分析的问题。

一、犯罪类型：法定犯

一般来说，在任何一种社会制度下，行政权与司法权都天然地具有对立关系。行政机关对某种客观对象作出说明、解释，与司法机关证明犯罪事实、打击犯罪现象，原本是两种不同公权力的运作行为。然而，当行政机关作出的行政认定进入刑事诉讼活动之后，行政权与司法权的对立状态被撕开了口子。这便产生了很多值得观察和思索的问题。无可争议的是，我国司法机关在查处犯罪的过程中，不是针对所有的犯罪类型都要适用行政认定，只可能是针对部分

---

① 张明楷：《犯罪构成体系与构成要件要素》，北京大学出版社，2010年，第193页。
② 罗开卷：《新型经济犯罪实务精解》，上海人民出版社，2017年，第4～7页。

犯罪。那么，司法机关究竟是针对哪些犯罪要求行政机关的认定，为什么这些犯罪的证明需要行政机关的认定，这还得从刑法中犯罪的结构性变化谈起。

自有成文刑法以来，人类认识犯罪都会采取各种各样的分类法以标识不同犯罪的特性。意大利犯罪学家迦洛法洛提出了自然犯与法定犯的犯罪分类，前者是指诸如杀人、盗窃等违背人类伦理的犯罪，后者是指行为本身不违背人类伦理，基于国家统治需要而通过成文法规定下来的犯罪①。这虽然是犯罪学上的划分，但被直接应用到成文刑法体系之中。目前我国刑法学界也一般认为，自然犯与法定犯、刑事犯与行政犯是两组对应的概念，自然犯与法定犯的区分标准在于刑法规范的内容是否与伦理规范的内容方向一致②。然而，这样的区分标准因为过于实质而饱受争议，如何划分自然犯与法定犯在刑法学界仍有争论。但唯一可以确定的是，自然犯是那些侵犯他人实在利益的犯罪，法定犯（行政犯）③ 不一定侵犯他人的实在利益，但要以违反行政法规为前提。换言之，法定犯是具有行政违法、刑事违法的"双重违法性"的犯罪④。

步入现代社会以来，国内外刑事立法走向扩张化、活性化。刑事立法扩张的对象当然不是那些传统的自然犯，而是发生在环境、经济等领域的法定犯。以日本的刑事立法为例，日本因应经济管制的需要在经济法规中设置了大量的刑罚法规。这一类刑罚法规的特点是，先规定禁止性或命令性规定，然后规定"违反前项规定的，处以刑罚"。例如，1895年，日本颁布的《伪造货币证券取缔法》第1条规定"不得制造或贩卖外观上难以与货币、政府发行的纸币、银行兑换券、国债证券、地方债券证券相辨别的物品"，然后就于第2条规定"违反前条规定的，处以1个月以上3年以下惩役，附加5日元以上50日元以下罚金"。以德国的刑事立法为例，德国因应环境保护的需要起先规定了一系列环境保护的行政法规，并且采取了与前述日本相同的刑罚规定模式，即在环境行政法规中规定对严重污染环境的行为科处刑罚制裁。但后来由于德国立法者认为在行政法规中设置刑罚规定不足以起到对环境污染行为的刑罚威吓效果，所以在后来的刑法修改中将一些环境刑罚法规进行系统整理，移入刑法

---

① [日]木村龟二：《刑法学词典》，顾肖荣、郑树周译校，上海翻译出版公司，1991年，第74页。
② 周光权：《刑法总论》，中国人民大学出版社，2016年，第7~8页；谭兆强：《法定犯的理论与实践》，上海人民出版社，2013年，第29页。
③ 虽然刑法学界对行政犯与法定犯是否完全对应存在争议，但本书采取通行见解，即行政犯就是法定犯。
④ 刘艳红、周佑勇：《行政刑法的一般理论》，北京大学出版社，2020年，第13页。

典，成文为德国刑法第 29 章之环境犯罪①。

国外的经济犯罪与环境犯罪可谓典型的法定犯。法定犯的最大特征就是"行政从属性"。所谓行政从属性有三种情形：一是行政概念从属性，即法定犯的构成要件要素使用了行政法上的一些概念，对这些概念的具体化要参照行政法上的用语；二是行政法规从属性，即法定犯的构成要件行为是违反行政法规的行为；三是行政行为从属性，即法定犯的构成要件行为属于违反具体行政行为的行为②。我国也有学者认为我国刑法中的法定犯是具有行政从属性的犯罪。只不过我国刑法学界通说不倾向于使用行政从属性的概念，而更多的是使用"双重违法性"的概念。其实，行政从属性也好、双重违法性也罢，揭示了这样的一个事实：现代刑法体系是以法定犯为主导的犯罪体系，法定犯的构成要件要素包含很多行政性要素，而行政性要素的证明不可避免要借助行政法、行政权，这使得行政机关也有了参与打击犯罪的机会，而打击犯罪本属于司法机关的专项任务。

（一）法定犯的本质：侵害公法益的犯罪

按照刑法学的一般观点，犯罪的本质是侵害法益。刑事诉讼的目的也就是证明是否存在法益侵害事实以及法益侵犯事实与行为人有无因果关系，即行为人是否符合犯罪构成要件。自然犯与法定犯的最大区别在于，自然犯的法益侵犯后果乃至构成要件要素具有物质性、可视性特征，而法定犯的法益侵犯后果及其构成要件要素具有抽象性、专业性特征。例如，刑法学界一般认为内幕交易罪的保护法益是金融管理秩序，然而如何认定金融管理秩序被侵害是一个极为复杂的问题，司法人员很难根据一些事实性材料就直接判断金融管理秩序被侵害。再如，生产销售伪劣产品罪的保护法益是产品管理秩序，其行为对象要素是伪劣产品，如何认定行为人生产的是伪劣产品，很多场合已经超出了司法人员的认知范围，所以需要根据产品质量法的规定以及司法解释在行政法律法规基准上予以具体化的标准才能确定，而没有明确基准的就只能交由行政机关如质监局、食药监部门等给出认定意见。又如，盗掘古文化遗址、古墓葬罪的保护法益是"国家对古墓葬的管理制度和国家对古墓葬的财产所有权"，"其犯罪对象仅限于具有历史、艺术、科学价值的古墓葬，而不包括所有的文物"③。

---

① 郑昆山：《环境刑法之基础理论》，五南图书出版公司，1998 年，第 180 页。
② 刘夏：《犯罪的行政从属性研究》，中国法制出版社，2016 年，第 111 页。
③ 人民法院出版社、《法律家》实践教学编委会：《妨害社会管理秩序罪裁判精要与规则适用》，人民法院出版社，2020 年，第 191 页。

即便此种场合行为对象的古墓葬是一种具有可视性的实物，但由于法益内容中包含古墓葬的管理制度，所以古墓葬的认定本身需要依托行政机关如文物局的意见。

　　刑法学界对法定犯保护法益的表述通常会使用秩序性、制度性的用语，而所谓秩序性、制度性的法益被刑法学者界定为一种公法益，区别于私法益[①]。刑法中也有很多犯罪的法益既包括公法益也包括私法益，即所谓双重法益，如非法行医罪的保护法益既包括他人的人身安全也包括医疗管理制度。从理论上说，公法益的具体内容要还原为个人利益才具有刑法保护性，但从实践操作来看，人们认定是否存在侵害公法益的直接根据是行为本身是否违反了行政法律法规。以非法经营罪为例，该罪的保护法益是特许经营管理制度，是否存在侵害这种制度的事实，需要考察有无对应的行政法律法规予以规制。例如，对于以虚假宣传方式推荐和销售新三板股票行为的定性问题，实务中一直存在是构成非法经营罪还是操纵证券市场罪的疑问。当前司法人员一般认为，此种行为是否构成非法经营需要根据《证券、期货投资咨询管理暂行办法》规定的证券投资咨询服务的具体表现行为予以判断，如果行为人行为不符合该办法规定的任何一种表现行为形式，就应当认为是扰乱了市场经济秩序、破坏了特许经营管理制度，可以按非法经营罪处理[②]。

　　法定犯的公法益内涵使得法定犯认定过程中，对法益侵害事实的认定必须依托行政法律法规，其行为对制度、秩序的破坏就表现为对行政法律法规的违反。这种理解也并非违反刑法上的法益原理。因为，公法益具有公共性，这种公共性一方面区别于个体性，但另一方面又服务于个体性。行政法律法规目的在于维护公共利益，但公共利益最终是指向个体利益的。特别是在我国执法为民的理念下，几乎所有行政法律法规的目的都是保障公民最切身的利益。所以，当行为人违反了行政法律法规，即使没有任何物质性的损坏后果，但对一种秩序或者制度的扰乱，最终也会妨害到其他个人的利益。正因为公法益侵害事实本身体现在行为人对行政法律法规的违反，所以行政法规的解释、行政机关的认定、对法定犯法益侵害事实的判断就有了直接意义，这也是行政认定进入刑事诉讼的根源所在。

　　事实上，从司法实务现状来看，司法机关采纳行政认定的场合事实上也是

[①] 张明楷：《论实质的法益概念——对法益概念的立法批判机能的肯定》，《法学家》，2021年第1期，第84页。

[②] 王冠：《以虚假宣传方式推荐和销售新三板股票行为的定性》，《人民司法（案例）》，2018年第17期，第37~38页。

局限在法定犯范围内。以最高人民检察院公诉厅主编的《刑事公诉案件证据审查指引》为例，该指引筛选了刑法中 50 个常见的罪名，遍布于破坏社会主义市场经济秩序罪、侵犯人身罪、侵犯财产罪、妨害社会管理秩序罪、贪污贿赂罪、渎职罪，而这些犯罪中将行政认定作为证据材料的，只有破坏社会主义市场经济秩序罪和妨害社会管理秩序罪中的一些犯罪。由此可知，我国司法实务在犯罪证明中采纳行政认定，是由法定犯的特殊性决定的。这种特殊性是由法定犯保护法益及其构成要件要素决定的。

（二）法定犯的构造：行政违法＋刑事违法

如前所述，法定犯具有双重违法性，那么法定犯的违法性就表现为行政违法＋刑事违法。法定犯构成要件也体现出这种双重违法的特征。

刑法学界认为，法定犯的双重违法性体现为行为首先要违反行政法律法规，然后因为符合了罪状描述的构成要件而成立犯罪；结果是，符合法定犯构成要件的行为，也必然是违反行政法律法规的行为。在实质意义上来说，法定犯的法益本身属于或者包含公法益，侵害公法益的行为本身是因为违反了行政法律法规而具有行政违法性；公法益被确认为刑法上的法益之后，侵害公法益的行为就具有刑事违法性。行政违法与刑事违法之间存在一个程度性的差异，即法定犯的构成要件描述的是更严重的行政违法行为。典型的情形，如张明楷教授指出的行政违反结果加重犯，即行为因违反了行政法律法规然后造成严重后果进而构成犯罪。这种情形属于典型的行为先构成行政违法，然后因为造成严重后果使得行为的违法量的加重，而构成刑事违法[1]，例如《刑法》第 129 条丢失枪支不报罪，第 148 条生产、销售不符合卫生标准的化妆品罪，等等。除此之外，我国刑法还经常以抽象的严重情节作为入罪要素，或者说作为区别于一般违法行为与犯罪行为的标志，所以刑法中还有一些犯罪属于在行政违法行为的基础上增加严重情节要素而成立的犯罪。这一类被称为行政违反情节加重犯，例如，《刑法》第 159 条虚假出资、抽逃出资罪，第 296 条非法集会、游行、示威罪，等等。当然，有些严重情节也包括加重后果，所以行政违反情节加重犯可能包括行政违反情节严重犯。

无论是刑法对行政违反结果加重犯，还是行政违反情节加重犯的立法规定，反映的事实是，法定犯是在行政违法的基础上因为具备更严重的后果或者具备更严重的情节而成立犯罪。从中可以推导出，法定犯的构成要件要素本身

---

[1] 张明楷：《行政违反加重犯初探》，《中国法学》，2007 年第 6 期，第 66 页。

包含行政违法的要素。即是说，行政违法行为的成立本身也需要具备一定的构成要素，法定犯的构成要件要素就是在行政违法的构成要素基础上进行改造，进而形成了法定犯的构成要件。逻辑上，法定犯的构成要件内容包含行政违法的构成要素，两者属于包含与被包含的关系。在这一事实基础上，陈瑞华教授提出行政不法与刑事不法的层次性理论。

陈瑞华教授认为，在法定犯之中，行政不法与刑事不法之间存在构成要件的包容性，另外，行政不法与刑事不法在处罚后果上存在阶层性，即是说原本行政不法的行政处罚后果，要被刑事不法的刑事处罚后果予以替换和取代[①]。根据这种层次性理论，陈瑞华教授虽然主张行政不法事实与刑事不法事实"无论在证明对象、调查取证的方式、对非法取证的救济上还是在事实认定标准上，都存在着实质性的差异"，行政证据向刑事证据的转化应当非常严格，行政认定结论对刑事处理不具有预决效力，但是，正因为法定犯的构成要件要素包含奠定行政违法的要素，所以陈瑞华教授也认为，"基于效率、便利等实用性的考虑，也可以确立层次性理论的若干例外"。即是说，"对于行政机关针对案件专门问题出具的'行政认定函'，以及行政机关作出的处罚决定书，嫌疑人、被告人及其辩护人没有任何异议的，检察机关也可以将其作为指控犯罪的证据，法院经过当庭质证程序，也可以将其采纳为定案的根据。"[②]

很明显，正是法定犯实质的特殊性以及构造的特殊性，使得行政认定进入刑事诉讼有了合理的理由和空间。

二、证明对象：定罪事实和量刑事实

刑事诉讼中的证明对象是"指与定罪量刑有关的事实，主要包括犯罪构成要件事实以及法定的和酌定的量刑情节事实"[③]。这也涉及证据属性（证据能力、资格）的问题，即一个证据必须具有相关性才能作为证据使用。判断一个证据是否具有相关性，需要考虑这个证据要证明的问题，是否为需要证明的要素性事实，而这个证据的存在是否更有利于或者不利于证明某个主张，以此推

[①] 陈瑞华：《行政不法事实与犯罪事实的层次性理论——兼论行政不法行为向犯罪转化的事实认定问题》，《中外法学》，2019年第1期，第83页。

[②] 陈瑞华：《行政不法事实与犯罪事实的层次性理论——兼论行政不法行为向犯罪转化的事实认定问题》，《中外法学》，2019年第1期，第92页。

[③] 陈光中：《证据法学》，法律出版社，2019年，第277页。

动审判结果的产出[1]。所以,明确行政认定的证明对象或者要素性事实是非常重要的,它提供了检验行政认定证据资格的标准。当然,以下分析主要从司法实践现状和刑法罪状规定归纳得出。

我国刑法采取基本罪状和加重罪状的立法模式,这对法定犯而言也不例外。行政认定作为证据材料的证明对象包括定罪事实和量刑事实。

（一）定罪事实

对于定罪事实,主要有以下几类:

其一,犯罪主体。典型例子是《刑法》第133条交通肇事罪,根据相关司法解释的规定,只有对交通事故负有主要或者全部责任的人才能成立交通肇事罪。在发生交通事故后,交管部门对交通事故作出的责任认定书其实就是由行政机关通过行政认定的方式确定犯罪主体。再如,《刑法》第180条内幕交易、泄露内幕信息罪的行为主体是"证券、期货交易内幕信息的知情人员或者非法获取证券、期货交易内幕信息的人员",虽然该条第二款规定"内幕信息、知情人员的范围,依照法律、行政法规的规定确定",但相关金融法律法规没有对此予以详尽规定,当司法实务针对某案件行为人是否属于该罪主体时,也会要求金融主管机关作出行政认定以确定犯罪主体。

其二,犯罪对象。典型例子是《刑法》第140条生产销售伪劣产品罪,根据相关司法解释的规定,"伪劣产品"是指不符合国家法律法规、产品质量标准的产品,通常场合司法人员可以依据明文的产品质量标准确定行为对象是否属于伪劣产品,但是在有些场合司法人员不好轻易判断,于是不得不交由质检部门作出检测结论。再如,《刑法》第177条伪造、变造金融票证罪,虽然在一般场合行为人伪造的票证是否是该罪要规制的金融票证根据《票证管理法》就可以确定,但是也有的场合《票证管理法》没有详尽规定何为金融票证,所以司法人员不得不要求金融主管机关作出认定。

其三,犯罪后果。例如,《刑法》第216条假冒专利罪的成立以"情节严重"为后果,根据司法解释的规定,情节严重包括非法经营的数额或者给专利权人造成的直接经济损失。专利权人具体的经济损失通常由被害人自己提出主张,但是在有争议的场合也会委托相应主管机关进行认定。

其四,因果关系。刑法中有一些法定犯不仅会引起抽象的法益侵犯后果,

---

[1] [美]罗纳德·J·艾伦:《艾伦教授论证据法（上）》,张保生、王进喜、汪诸豪等译,中国人民大学出版社,2014年,"序言"第3页;易延友:《证据法学:原则 规则 案例》,法律出版社,2017年,第102~104页。

还会引起具体的法益损害后果，但是损害后果与违法行为之间的因果关系的认定颇具复杂性，这个时候也需要行政机关进行高度专业化的认定。典型的例子就是《刑法》第338条污染环境罪，该罪成立以行为人"违反国家规定，排放、倾倒或者处置有放射性的废物、含传染病病原体的废物、有毒物质或者其他有害物质"，进而"严重污染环境"。有学者经过实证研究指出，在污染环境犯罪案件中，我国司法人员"往往是通过环保机构的监测数据和相关报告来证明和认定污染者的污染物质性质以及对当地环境是否产生因果关系性质上的污染损害后果"①。

其五，行为情状。有一些法定犯的行为类型以发生在特定的时空领域为前提，抑或是表现为特定的行为样态。例如，《刑法》第180条内幕交易、泄露内幕信息罪的构成要件行为必须是发生在"涉及证券的发行，证券、期货交易或者其他对证券、期货交易价格有重大影响的信息尚未公开前"，也即相关司法解释规定的"内幕信息敏感期"。对于这一时期的认定，司法实践通常也会委托证监会作出认定，然后司法人员在此基础上作出判断。

（二）量刑事实

对于量刑事实，实践中行政认定证明的对象主要指涉两类处罚情节：

其一，加重处罚情节。刑法中有很多法定犯的法定刑升格条件表现为"情节（特别）严重"，而刑法学界一般认为"情节（特别）严重"属于规范的构成要件要素，对于这类要素的判断是极具价值判断性的。一般在这种场合，行为是否具备情节严重、是否能够加重法定刑，也在一定程度上参照行政机关认定才能实现。例如，《刑法》第182条操纵证券、期货市场罪，该罪在第一款规定了基础和加重的两档法定刑，在第二款详细规定了四种操纵证券、期货市场行为的表现形式，相关司法解释也对该罪的立案追诉标准作出了详细规定。但是，该罪司法解释没有规定何种情形下属于操作证券、期货市场罪的"情节特别严重"。于是，何种情形下，操纵证券、期货市场行为属于加重法定刑的"情节特别严重"，司法实践的通常做法就是由证监会、证券委员会专业人员对操纵证券、期货的"交易价格""交易量"出具认定函。

其二，从重处罚情节。行政认定之所以能够起到从重处罚情节的认定作用，主要是因为一些法定犯的从重处罚情节是以受过行政处罚为前提。例如，《刑法》第133条之一危险驾驶罪，相关司法解释规定"曾因酒驾受过行政处

---

① 杨继文：《污染环境犯罪因果关系证明实证分析》，《法商研究》，2020年第2期，第130页。

罚"的"从重处罚"。再如,《刑法》第 224 条之一组织、领导传销活动罪,相关司法解释规定"一年内组织、领导传销活动受过行政处罚"的要"从重处罚"。在这些案件的审理过程中,公诉机关提出量刑意见,也会以行政处罚决定书作为证据加以展示。

第二章 行政认定适用的现状、问题及成因分析

行政认定主要在法定犯的追诉中适用。我国刑法对法定犯的规定,分布在刑法分则第二章、第三章、第六章、第九章中,其中危害公共安全犯罪大多为自然犯,但在责任事故犯罪中存在某些法定犯,如第134条重大责任事故罪则属于法定犯。另外,第三章规定的破坏社会主义市场经济秩序罪基本都是法定犯,第六章规定的妨害社会管理秩序罪包含一定数量的法定犯,第九章规定的渎职罪存在某些法定犯,如第407条违法发放林木采伐许可证罪。因此从我国刑法分则的规定来看,除了第三章经济犯罪都是法定犯,其他章节的犯罪同时包括法定犯和自然犯。本书以刑法分则规定的法定犯为犯罪类型,从描述和解释的双重角度,在一定范围内开展实证调研,试图对行政认定在实践中的适用现状进行描述,对其运用中存在的问题及成因进行解释。

第一节 行政认定适用的现状及问题

本书以刑法分则第二章、第三章、第六章、第九章所涉及的法定犯案由为筛选条件,在裁判文书网选取裁判日期为"2018年7月—2021年7月"的113966份刑事一审判决书,通过等比例抽样方式筛选出100个判决,并在最高人民检察院公诉厅《刑事公诉案件证据审查指引》《公诉案件证据参考标准》中选取部分典型案例,分析行政认定在法定犯中的适用情况,然后以"行政认定"及其司法实务中的主要表现形式"行政处罚决定书""案件移送函""行政鉴定""行政答复""事故认定书"进行检索,进一步分析其作为证据在诉讼中的适用现状及问题。

一、适用广泛且有作为追诉前置条件趋势

法定犯的审查认定,需要以行为人违反相应的行政管理规范为基础,故该类犯罪具有行政违法与刑事违法的双重违法性。在判断是否违反行政管理规范的行政犯构成要件过程中,不可避免地会涉及行政要素的判断和认定,行政机关在此过程中获取了提供行政认定意见的机会。而从行政认定的产生的根本目的来考量,其主要是行政主体独立或者依照司法机关的要求,提供与行政相对人相关的法律概念、事实、关系、责任承担等情况,以便司法机关对行政相对人的行政违法性等问题作出认定的具体行政行为。司法机关要求出具行政认定意见的目的是对法定犯的认定提供参考意见,所以行政前置认定应当是从属于刑事司法,服务于刑事司法,作为刑事司法判断和支撑材料的角色出现。但从司法实务中观察,这一主从关系已悄然发生变化,行政认定在刑事司法中广泛适用,司法机关在法定犯启动追诉程序前,一般先行要求行政机关发表相关意见,导致行政认定前置。行政认定在刑事司法中的作用由辅助参考转变为追诉必要条件,并逐步成为法定犯追诉前置条件趋势。

从选取样本分析,行政认定在近80%的法定犯追诉活动中以证据的身份出现(如图2-1所示)。未出现的案件主要集中在妨害信用卡管理秩序类、合同诈骗等案件中,因为这部分案件较少涉及行政机关的管理职能,也不需要对行政违法性进行判断。从另一个层面也说明,涉及对行政违法性事实证明的案件,大部分需要行政机关出具认定意见,并可以作为证据提交法庭。司法机关对行政管理领域专业性事实和行政违法性的判断,均需借助行政认定作为审查依据。

同时,在分析判决书中也发现另外一个现象,案件移送函作为行政认定的一种具体形式,其适用频率有逐步增加的趋势(如图2-2所示)。部分司法机关在接受行政执法机关移送的犯罪案件或审查起诉时,要求移送机关附带与本案有关的行政违法行为查处报告或者案件移送函,部分案件还要求行政机关对行政违法行为作出分析意见,并以此作为立案侦查或者审查起诉的前置条件,如果缺乏相关的认定材料,还会通过补充侦查的方式要求相关行政机关予以提供。

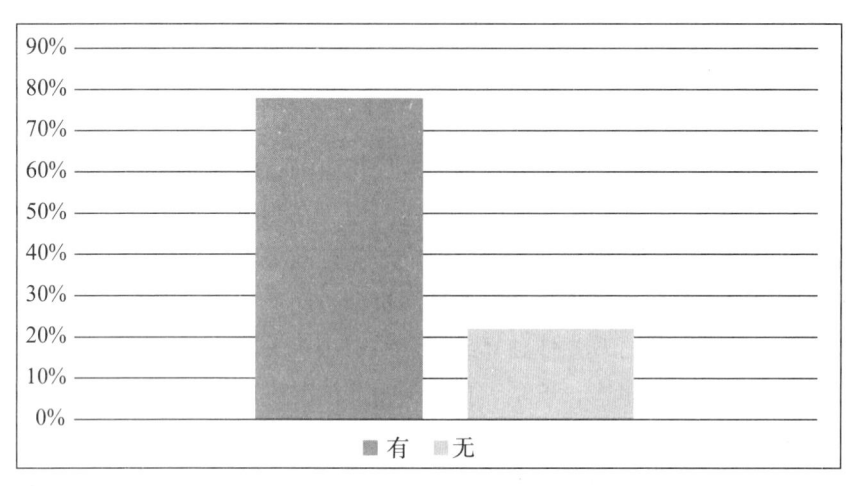

图 2-1 证据中是否有行政认定

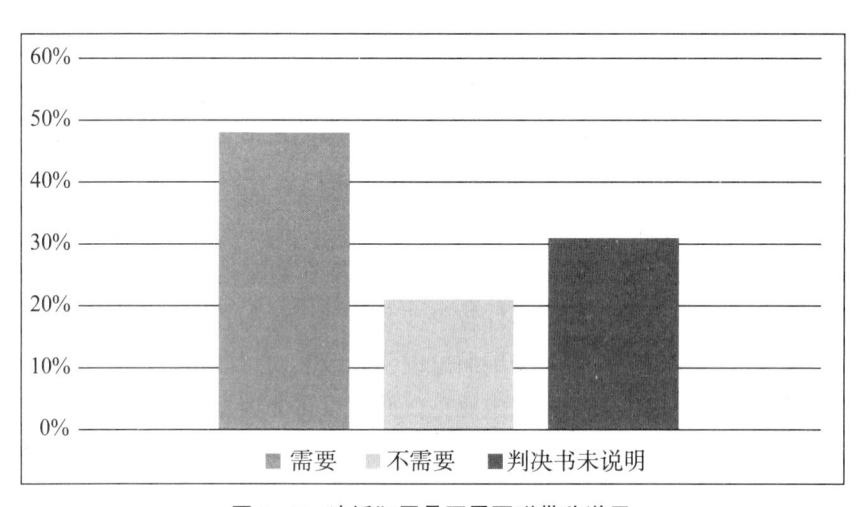

图 2-2 追诉犯罪是否需要附带移送函

二、证据归类不规范

通过分析裁判文书可以发现，实践中行政认定的表现形式复杂多样（如图 2-3 所示），上文中对行政认定的类型已进行实践分类和理论分类，在此不再赘述。复杂多样的证据材料表现形式，直接增加实务界对行政认定证据种类认定的难度，导致实务中做法各异，对行政认定的证据归类操作较为混乱。通过案件数据分析（如图 2-4 所示），发现存在三种做法：

其一，将行政认定作为书证列在证据清单之中，这也是大多数裁判文书的做法。因为行政认定的最终物质载体是书面材料,根据刑事诉讼法的规定以及学界对书证的界定,行政认定在形式上更符合书证特征。

其二,将行政认定作为鉴定意见列在证据清单之中。前文笔者分析指出,行政认定可以分为事实性与价值性两种类型,事实性行政认定属于比较典型的行政鉴定。行政鉴定在实务中一般被理解为仅仅是与司法鉴定在作出主体上不同的鉴定意见,虽然未得刑事诉讼法明文承认,但已经成为一种司法惯习。而且在有些判决书中,行政鉴定的出现方式比较"隐晦",即法院会简略地载明某某鉴定意见材料,但是结合案情分析来看,这种鉴定意见只可能由行政机关出具,不可能由司法鉴定机构出具。这特别体现在伪劣产品类犯罪案件审理中。

其三,不对行政认定进行归类,在书证、鉴定意见之外作为独立证据材料加以列举。在采取法定证据种类制度的情况下,不对证据材料进行证据归类意味着其不具有证据资格。从实践的做法来看,司法人员一方面将行政认定作为证据加以使用,另一方面在证据种类归属的做法上又存在矛盾。虽然目前尚未见到地方法院向最高人民法院请示对行政认定材料明确其证据种类的事例,行政认定的证据能力似乎得到了司法群体的默认,但行政认定证据种类归类问题如果不能在理论层面得到解决,将会给司法实践带来持续困扰。

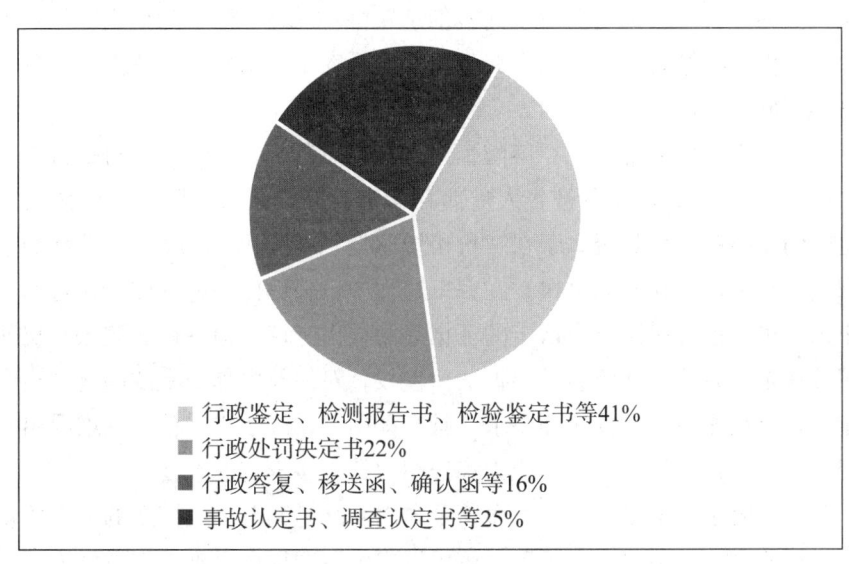

- 行政鉴定、检测报告书、检验鉴定书等41%
- 行政处罚决定书22%
- 行政答复、移送函、确认函等16%
- 事故认定书、调查认定书等25%

图 2—3　行政认定的表现形式

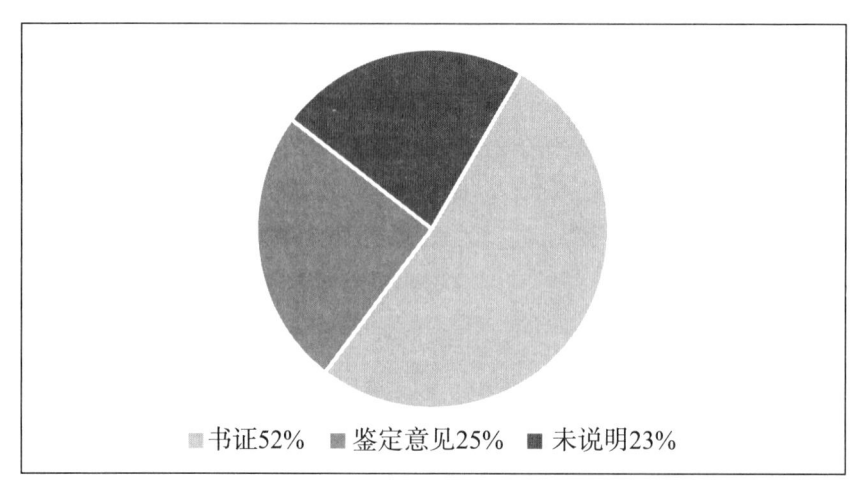

■书证52%　■鉴定意见25%　■未说明23%

图 2-4　行政认定的证据归类

三、采信标准存在矛盾

司法人员对行政认定表现出不同的采信态度，甚至在同类型案件中，对同类型行政认定的采信标准存在矛盾。以笔者收集的内幕交易罪典型案件为例，司法人员通常会要求证监会对"内幕信息""价格敏感期""知情人"等要素作出鉴定。但是在笔者考察的三大典型内幕交易案中，却发现司法人员表现出的是三种不同的采信态度。

其一，无条件采信。在"某陶瓷内幕交易案"中，控辩双方对被告人配偶是否属于"知情人"，以及被告人配偶在特定时间内买入某陶瓷的股票后又在特定时间卖出股票，是否属于在"价格敏感期""利用内幕信息"进行的非法股票交易行为，存在较大争执。在庭审过程中，公诉机关将证监会认定作为证据举出，虽然辩方对证监会认定的证据能力提出异议，但一审法院法官仍然采纳了该认定，并认为证监会是根据法律授权，对涉及内幕交易的问题作出专业认定，符合法律规定的程序和要求，具有证明力，故予以采信。不难看出，该案司法人员对行政认定的证据能力和证明力持直接肯定的态度。

其二，附条件采信。在"上海某公司内幕交易案"中，该案的最大争议点也在于证监会出具的"认定函"是否可以作为定案证据。被告方及辩方也对证监会出具的认定函的证据能力和证明力提出怀疑，认为证监会的认定函不属于刑事诉讼法的法定证据种类，而且证监会对内幕信息、价格敏感期的认定过于主观，缺乏事实性根据。该案在审理过程中被相关媒体报道而引发热议。一审法院尽管最终采纳了证监会的认定函,但是没有如上案不附加理由,而是对证监会的认定函进行了质证与认证,并最终在判决主词中这样写道:"证监会对内幕信息、价格敏感期的认定具有事实和法律根据","本院审查认为,……证监会享有国家机关公文的制作权力,国家机关公文属于特殊形式的书证,可以作为证据使用,……证监会的认定函来源真实合法,其所记载的内容属客观事实,……故予以采信"。不难看出,该案司法人员对证监会认定意见不是直接采信,而是审查后才予以采信。

其三,说理后拒绝。在"ST某公司内幕交易案"中,证监会对嫌疑人张某某作出行政处罚决定,后认为涉嫌犯罪移送公安机关侦办处理。公安机关随案移送的证监会认定书中明确载明了内幕信息的形成时间和截止时间,并且指明张某某等人属于内幕信息知情人,并且还载明"以上认定意见系根据某公安机关提供的证据材料,真实性、完整性、合法性由该公安机关负责,并基于我会的专业判断作出,仅供公安、司法机关办理有关涉嫌证券期货犯罪案件时参考"。但是受案检察机关在审查逮捕案件意见书中认为,该证监会对相关事实的认定过于简单,没有充分的说理过程,无法据此认定该案行为人相关违法行为达到批捕标准,故没有采信该证监会出具的认定意见。最终该案没有按刑事案件处理,仅以行政违法案件给予行政处罚结案。

此外,在其他破坏市场经济秩序类犯罪案件中,也存在辩方与法院针对行政认定证据资格不同主张的现象。以生产、销售有毒、有害食品罪为例,尽管对于"有毒、有害食品"的认定,有司法解释、行政法规可以参照适用,但实务中产生的分歧依旧很多。在"王某生产、销售有毒、有害食品案"中,王某在生产、销售的凉茶中添加非处方类药物被查获,广东省药监局下属药品检验所出具认定意见函证实凉茶中添加的药物属于咳特灵、氨加黄敏等非处方类药物,公诉机关据此指控王某属于在食品生产、销售中添加有毒、有害物质,构成生产、销售有毒、有害食品罪。王某的辩护律师辩称,"广东省药品检验所出具的函并非鉴定意见或检验报告,不能作为证据使用"。但法院认为,广东省药品检验所虽然不属于司法鉴定机构,但该所有职权、技术资质对食品中的有毒、有害成分做出检验,其具有的科学性、有效性与鉴定意见没有区别,可以作为证据加以使用。

四、侵蚀司法权

在本书收集的案例中,部分行政认定以"行政鉴定"的名义出现,其不仅对事实性问题作出说明，而且对法律问题进行认定。例如，在办理走私、制作、贩卖、传播淫秽物品案件中，需要对"淫秽物品"进行认定。按照刑法上对构成要素之记叙要素与规范要素的划分，淫秽物品属于后者，需要进行一定价值评价才能得出涵摄结论的要素。所以其定性应当由司法机关进行最终审查。根据1993年《新闻出版署、公安部关于鉴定淫秽录像带、淫秽图片有关问题的通知》，在办理这类案件过程中，省级以上新闻出版管理部门、音像归口管理部门，以及地、市以上公安机关治安部门负有职责鉴定什么是淫秽物品，而且对鉴定程序做了具体规定，"审查鉴定淫秽物品应当制作《淫秽物品审查鉴定书》一式三份，鉴定结论必须准确、简明。由两名以上鉴定人员签字，并加盖'淫秽物品审查鉴定专用章'"。在上述场合中，淫秽物品并非事实概念，而是法律概念。如判断一本书是否属于淫秽物品，存在明显的价值判断，必须依照法律关于"淫秽物品"的定义来界定。行政机关出具的这种行政认定，实际有通过行政鉴定这一形式，取代司法机关对法律问题的判断，具有侵蚀司法权的倾向。

再如，在本书收集的有关逃税罪的案例中，通常是税务机关出具逃税鉴定或者认定，然后移送至公安侦查机关作为刑事案件处理，启动刑事追诉程序。逃税鉴定不仅对行为人逃税的事实予以记载，同时也对行为人违反税法相关规定行为的违法性及其程度予以记载。逃税鉴定虽然名为鉴定，但其实只是税务机关的一种行政认定，现有的逃税鉴定书是对逃税性质的判断，这明显是一种与违法性程度有关的法律问题。税务机关对于逃税比例、逃税金额等问题的判断依据是《税收征管法》，实际上包含对法律适用的理解，上述结论的得出并不是依据某种技术性规则，所以税务机关关于逃税的认定，不具备鉴定所要求的专业性和技术性特征，而是代替司法机关作出审查。行政机关在这种场合作出的不仅仅是事实的认定，而是包含对法律含义的解释以及对事实能否涵摄进法律的判断，这是一种法规范的价值性判断。

第二节　行政认定适用问题的成因分析

一、专业性问题依赖行政认定解决

行政认定之所以在刑事诉讼中大量适用，是因为在法定犯罪案件的处理过程中，无论是违法犯罪事实的认定，还是专业鉴定所指向的对象，均超出常规型、传统型犯罪司法人员的知识能力、技术能力和审查范围，传统的法定司法鉴定也无法完成上述鉴定事项，需要通过"行政认定"这样一种载体，弥补司法鉴定的空白和不足，完成专业性问题的审查和认定。

我国当前的司法鉴定主要存在两方面问题：首先，鉴定人群体过于封闭、精简。我国的司法鉴定管理模式是行政管理式的，采取严格的名册制度，同时出于保障司法鉴定的权威性和管理效率，刑事诉讼法以及司法鉴定相关配套规定，也体现出严格控制准入制度、不轻易对外开放的价值取向。其次，现有的鉴定活动主要解决传统鉴定事项，具有较大的局限性，无法满足新型鉴定需要。当前司法鉴定的事项，大多集中在常发型案件的处理中，侦查机关自设鉴定部门的鉴定范围极其有限，主要指常规的物证、痕迹、血型、化学、笔迹、毒品等鉴定项目。而司法实务中，针对法定犯中犯罪事实的认定，比如，价格鉴定、产品质量鉴定、食品毒物或添加剂鉴定、药品质量检验、工程质量鉴定等其他很多鉴定事项，公安司法机关都不具备鉴定能力，必须委托行政机关所属或指定的鉴定机构进行鉴定，而这种鉴定则属于"行政认定"的范畴。例如，在笔者查阅的伪造金融票证罪中，对于何为金融票证的认定或者鉴定，既不是司法人员所能处理的，对于长期从事传统鉴定类型的鉴定人员而言也并非力所能及。针对该部分事项，传统的司法鉴定也无法给出相应的结论，更需要依赖行政认定进行解决，这为行政认定在司法实务中大量适用提供了契机。

二、司法权威不足、司法官存在避责心态

行政认定之所以能作为一种证据或者证明方法进入刑事诉讼，源于行政认定的行政属性，其本质是行政机关权力运作的产物。在我国传统社会权力构造

中,地方行政长官兼任司法官,同时处理社会行政管理事务和矛盾纠纷,形成了司法依附行政的格局,同时,也导致司法权威先天不足的问题。进入法治社会以来,司法权逐步独立于行政权,但长期形成的依附心态和制度惯性并没有立即消失,在遇到类似行政领域专业问题的认定,甚至某一行为违法性认定上,司法机关既没有足够的资源,也没有能力完成这项工作,只有借助行政机关的公信力和资源调度能力作出行政认定,达到增强司法证明作用的效果。同时,也有部分司法官不愿承担责任,自行将一些无须作出行政认定的事项委任于行政机关,导致司法权进一步的弱化。比如,部分司法机关在接受行政执法机关移送的犯罪案件或审查起诉时,要求移送机关附带与本案有关的行政违法行为查处报告或者案件移送函,要求行政机关对这些行政违法行为作出分析意见,并以此作为立案侦查或者审查起诉的前置条件,如果缺乏相关的材料,还会通过补充侦查的方式予以搜集。以逃税罪的司法适用为例,逃税是刑法上的规范性要素,应当由司法官作出独立判断,但在司法实践中,侦查机关通常会要求税务机关出具逃税鉴定或者认定,然后方能移送司法机关并启动刑事追诉程序。

三、行政认定证据价值认知混乱

肯定说认为,行政认定进入刑事诉讼并且作为证据用以证明犯罪事实,具有现实的必要性与合理性,肯定行政认定的证据价值。具体理由如下:其一,出于我国刑法与行政(处罚)法在管制事项上的交叉重叠的立法现实,刑法不会对管制事项予以详尽描述,而是将一些概念、标准等构成要素的界定委由行政机关予以具体解释,"相关部门作出行政认定,是基于履行公务的需要,也具有相关法律法规或行政规章的授权"[①],由此使得行政认定进入刑事诉讼具有规范理据。其二,我国司法鉴定制度虽然已经较为完备,但实践中有很多专业性问题不在司法鉴定的业务能力、职责、范围之内。对于无法启动司法鉴定予以鉴定、检验的事项,依据行政法律法规的规定将其转由行政执法部分予以认定,就是不可回避的选择。其三,行政认定在刑事诉讼中具有实际的证明价值,具体表现为行政机关作出的认定性材料具有"超越性"与"经济性"的特征。一方面,因为法定犯构成要件中,包括大量行政专业性知识,针对这些事

---

① 刘洋:《行政认定书的刑事诉讼运用及其限度》,《汕头大学学报(人文社会科学版)》,2019年第4期,第67页。

实的认定，即使是具有丰富执法办案经验的行政执法人员，也需要投入较多的时间和精力进行搜集和固定材料。但从工作人员数量上而言，这对于公检法机关工作人员几乎是不可能完成的任务①。换言之，相较于长期处理常规性、普遍性刑事案件的侦查人员而言，行政机关能够针对法定犯罪案件的疑难问题作出更专业、更忠于案件事实的判断。另一方面，如前所述，实践中的行政认定可以分为事前的行政认定和事后的行政认定，对于事前的行政认定如行政处罚决定书、事故认定书，属于行政机关率先对违法事实进行调查、处理得出的结果，一般来说没有太大的争议性。司法机关直接调取这些材料就避免了针对违法事实予以再次调查的工作，在很大程度上减少了司法人员的负担，使得有限的司法资源能够集中在更有争议的问题处理上②。

与之相对，另有怀疑说认为，从行政权与司法权天然的矛盾关系出发，认为行政认定进入刑事诉讼会出现三方面的冲突，可以作为其他材料支撑法官自由心证，但不具有证据价值：一是行政认定的效率优先性与刑事诉讼公正优先性的冲突，二是行政认定的程序便宜性与刑事诉讼的程序合法性的冲突，三是行政认定的先定性与刑事诉讼中被告人防御权的冲突③。还有学者认为，行政认定进入刑事诉讼会产生两方面的不良后果：一是导致行政机关享有事实审而法院只承担法律审、危害法院审判权完整性的后果，二是行政机关利用自己的专业优势、权力地位制约和影响法院审判公正性的后果④。总而言之，如罗翔的总结，行政认定（鉴定）因为不仅是对事实的鉴定，还包括法律评价的认定，导致的后果是"行政权对司法权的侵蚀与分割"⑤。

肯定说与怀疑说对行政认定的证据价值，以及行政认定能否作为证据在刑事诉讼中适用，持完全相反的两种态度。如果将肯定说与怀疑说论者理据进行一定规整，可以发现两说的对立点集中于诉讼法的基本价值取向。即是说，如果侧重于打击犯罪的目的，那么就会倾向于肯定行政认定进入刑事诉讼，但倘

---

① 田宏杰：《行政优于刑事：行刑衔接的机制构建》，《人民司法》，2010 年第 1 期，第 89 页。
② 孙末非：《行政执法证据在刑事诉讼中的使用》，《山东社会科学》，2014 年第 3 期，第 114~115 页。
③ 翁自力、沈蔚林：《行政认定在刑事诉讼中的证明力及审查判断规则探析》，载贺荣：《公正司法与行政法实施问题研究（上）——全国法院第 25 届学术讨论会获奖论文集》，人民法院出版社，2014 年，第 697~699 页。
④ 邵俊武：《论行政鉴定及其司法审查》，载何家弘：《证据学论坛（第 15 卷）》，法律出版社，2010 年，第 45~47 页；时延安、黄烜璇：《行政认定的刑事司法审查》，《人民检察》，2017 年第 17 期，第 11~13 页。
⑤ 罗翔：《论行政权对司法权的侵蚀——以刑事司法中行政鉴定的乱象为切入》，《行政法学研究》，2018 年第 1 期，第 62 页。

若侧重于保障人权的目的，出于形式理性的考虑就会倾向于否定行政认定进入刑事诉讼。由于理论界对行政认定证据价值、行政认定能否进入刑事诉讼存有争议，行政认定的证据属性基础长期处于不稳定状态，所以后续的行政认定归类到何种证据、能否作为证据采信，以及如何进行审查等问题长期无法得到解答。

四、证据能力及证明力研究不足

相较于其他典型的证据种类，行政认定具有行政机关主体性、刑事证明辅助性、事实价值复合性、证明对象特定性。如何根据这些特征建构出匹配的证据能力审查规则，是学界当前研讨的重心。而当前法律规范对行政认定的证据能力审查规范十分匮乏，行政认定应当归属何种证据种类，对其证明能力如何审查均未构建系统化的规则。这也使得当前司法实务人员漠视在庭审过程中对行政认定的实质审查，甚至在未明确行政认定证据种类的情况下，只是形式性地经过举证、质证程序，进而导致证据采信规则出现矛盾的情况。因此，在行政认定问题研究中，需要根据其特征，进一步厘清行政认定具备证据能力的条件和审查规则，为实务操作提供理论支撑。

同时，行政认定的证明力也需要完善内容。目前司法实务中，基于对行政认定权威性、公信力的认可，无论是审查起诉阶段还是庭审阶段，司法人员对行政认定的证明力都表示出较高的信任度。但同时理论界也意识到，行政认定是行政权对司法权的侵蚀，违背司法独立和最终审查原则，因此也有观点主张对行政认定不符合证据种类而予以摒弃。由此可见，对行政认定证明力的审查似乎走向两个极端，这也导致上文中提到的，对于同类型案件中所出具的同类型行政认定，却出现完全不同的采信结果。上述问题的出现也和我国刑事诉讼法对证明力问题研究不足有关，近年来证据法学研究热度上升，但主要研究力量都集中在证据规则方面，而对证明力的研究却较为罕见。

综上所述，通过对行政认定适用中存在问题的描述，以及对其成因的分析可知，行政认定在刑事诉讼中的适用问题主要集中在行政认定的证据价值尚未充分挖掘，其进入刑事诉讼的合理性论证缺失，行政认定的证据审查方式混乱，行政认定证据能力和证明力审查规则研究不足等几方面。在下文中，笔者将对以上问题予以回应并提出对应的解决方案。

第三章　行政认定的证据价值及进入刑事诉讼的合理性

传统观点认为行政认定具有行政属性，其本质是行政机关的权力运作产物，将行政认定作为一种证据或者证明方法进入刑事诉讼，侵蚀司法权。本书认为，行政认定作为证据适用具有查明案件事实的工具价值，其进入刑事诉讼系行政权与司法权关系缓和的体现，其自带"不中立"负面因子并不能成为阻碍进入刑事诉讼的事由，而且可以弥补现行司法鉴定不足、丰富鉴定手段和方式，具有进入刑事诉讼的必要性和合理性。

第一节　行政认定的证据价值

如何评价行政认定进入刑事诉讼这一法律现象，根本上涉及如何认识、评价证据法则的法律价值这一基本议题。刑事诉讼中的证据规定以及由此建构的证据制度，乃至由此发展出的证据裁判理论，均在于追求、实现一定的法律价值。川岛武宜指出："法律所保障的或值得法律保障的（存在着这种必要性）的价值，我们将其称之为'法律价值'……法律价值的总体，又被抽象为正义。"[①] 证据制度作为法律制度的一环，当然也以正义为基本价值。如学者指出，证据制度、证据裁判原则的价值"体现在以个体的人的利益和需要为主要出发点，兼顾群体以及社会整体的利益，在整个裁判过程中，以人为目的而不是手段去规制证据及其运用规则"[②]。

司法正义包含实体正义与程序正义，证据法则肩负的正义目标也具有实体

[①] [日] 川岛武宜：《现代化与法》，中国政法大学出版社，2004年，第246页。
[②] 张弘：《刑事证据裁判理论研究》，西安交通大学出版社，2015年，第28页。

和程序两个维度。第一，实体正义价值是通过实体的证据规定，明确诉讼主体的权利、义务，指引、规制其证据行为进而实现的。典例便是证明责任的规定。世界各国的刑事诉讼法规定证明责任在控方而非被告，意义即让被告人免于"自证其罪"义务，转而将证据收集、犯罪证明的义务赋予控方，倘若控方收集的证据没有达到法定的证明标准就必须承担控诉主张未能成立的否定性后果。本质上这也是"无罪推定"原则的当然要求。第二，程序正义价值是在证据裁判中，"通过对证据能力的限制"和"证据调查的程序"来实现的[1]。很明显，当谈到证据能力、证据调查程序时，基本都指向证据裁判中的程序正义价值。

人们对任何一种价值的把握都可以采取二分之法，即工具价值与内在价值（固有价值）[2]。其实，从证据裁判的程序正义价值也可以引出工具价值和内在价值两个维度，这两个维度的价值是衡量一个证据法则，包括证据能力和证据调查程序的规定是否具有合理性的重要标尺。换言之，从应然层面而言，一个证据规定至少应当具有两个维度的法律价值中的一个，才具有正当性。行政认定的证据价值也可以从工具价值和内在价值两个层面进行分析。

一、工具价值

所谓工具价值，是指一个证据规定所要达到的一定目的。众所周知的是，现代世界各国刑事诉讼的共同目的是在惩罚犯罪的同时保障人权。但是，两种目的本身是存在紧张关系的，所以两种目的各自的具体实现路径并不一致。如学者所说，为了达到刑事诉讼惩罚犯罪的目的，"国家总是根据形势的变化制定出符合自身利益的诉讼程序，用法律加以规范，作为法定规则指导和制约诉讼活动的进行"，其中就配套的证据规定而言，国家倾向于制定出有利于查明犯罪事实的规定，"为国家证实犯罪、惩罚犯罪提供事实上的便利条件，如尽可能少地限制证据能力"等[3]。即是说，为了达到惩罚犯罪的目的，证据准入的条件会适当地被缓和处理，缓和的结果就会对证据理论的基本法理造成一定冲击。然而，"缓和化"或者"突破性"证据规定的正当化根据就在于其具有工具价值。这种工具价值显然也是有程度性的，如果完全没有工具价值，那么

---

[1] 张弘：《刑事证据裁判理论研究》，西安交通大学出版社，2015年，第39~43页。
[2] 中国大百科全书出版社《简明不列颠百科全书》编辑部：《简明不列颠百科全书4》，中国大百科全书出版社，1985年，第306页。
[3] 樊崇义：《刑事诉讼法》，法律出版社，2020年，第31页。

该证据规定就只能遭受立法论的批判。

二、内在价值

所谓内在价值，是指该证据规定不是为了达到其他某种目的，而是该规定本身就是一种目的。在惩罚犯罪之外，刑事诉讼也要追求人权保障。刑事诉讼中无论程序规定还是证据规定，都要体现出人权保障的精神。现代证据理论的起点是证据属性，证据属性是从正面界定何种证据能够进入刑事诉讼，在这之后还会建立起下位的证据排除规则，从反面界定刑事诉讼中可以采纳的证据。例如，英美法系中证据的核心属性是关联性，但关联性只是进入刑事诉讼的证据的必要条件，关联性之外还必须具备可采性，而可采性就是从反面通过证据排除规则，如非法证据排除、自白任意规则、传闻证据排除等法则，将不能作为证据的材料排除在刑事诉讼之外，由此明确证据能力。而证据排除规则本身蕴含的意义即在于禁止"不择手段"查处犯罪事实，避免刑罚权不当发动，以保障人权。

在上述两种理念指导下，行政认定的证据价值认定也演进出肯定说和怀疑说两种观点。肯定说的立场秉持了证据裁判理论中的工具价值理论。其思维逻辑表现为，因为行政认定有利于国家查明犯罪事实，减轻证明负担，即使行政认定进入刑事诉讼作为证据使用与一般证据原理相抵牾，也能够使得此种证据规则得以正当化。而怀疑说的立场基本是遵循内在价值理论的话语逻辑。即是说，行政认定进入刑事诉讼并成为证据，这一现象突破现有证据种类制度限制，没有对应的证据审查规则和调查程序保障其真实性、合法性，无法体现人权保障的精神，因而不具有合理性。

工具价值与内在价值作为正义的法律价值虽有不同侧重，但其实也可以实现微妙的调和。或许可以说，即使怀疑说也并非不重视工具价值，只是在偏重程度上更看重内在价值。同样地，肯定说也不是完全忽视内在价值，只不过对工具价值显示出明显偏好。导致这种立场发生变化的重要变量就在于两者对行政权与司法权（刑罚权）关系的不同理解。正如上述对肯定说、怀疑说各自理据的整理，肯定说在强调行政认定的专业性、效率性、证明价值性的同时，默认的前提是行政权与司法权并非对立关系；行政机关使用自身职权、专业技能和业务经验作出的判断，不会架空刑事认定本身。但怀疑说却清楚地表明，刑事诉讼信守的一些价值理念与行政认定的行政权特征本身就具有矛盾关系，在刑事诉讼中使用行政认定本质上就会出现其所谓损坏审判权完整性、危害审判公正性的后果。

　　行政权与司法权属于对立关系，这是西方自由主义理论中的经典命题。如果严格根据这一命题，刑法学者所说的行政认定不能取代刑事认定就是当然的逻辑推论，同样地，诉讼法学者也会倾向于对行政认定进入刑事诉讼作出负面评价。相反地，如果打破这一经典命题，或者说对这一经典命题作本土性的理解，那么行政认定进入刑事诉讼的司法现象其实也并非毫无可取之处，其作为证据的工具价值和内在价值均有发挥适用的空间。肯定说与怀疑说争议的根本分歧在于，对我国语境下行政权与司法权/刑罚权关系的不同理解。即是说，是应该坚守"行政权－司法权"这一基于西方自由主义理论的范式，抑或是结合我国实定法制度作出本土化的理解，这种方法或者视角上的差异，会导致人们对行政认定进入刑事诉讼现象产生不同价值评价。

　　本书认可行政认定作为证据的价值作用，并主张运用证据法基础理论研究行政认定问题，通过构建证据审查规则，保障行政认定内在价值和工具价值充分实现。一方面，"在全国人大之下存在着国家司法与行政机关之间的职能分工"①，在这一语境下，行政认定本身是行政主体使用行政权的结果，盲目遵守西方自由主义的理论信条对之予以否定、批评则不妥当。另一方面，行政认定可以作为证据使用已经是不争的事实，虽然存在怀疑说论者主张的行政权干预司法权情形，但我们不应当忽视行政认定已经广泛适用于刑事诉讼这一现象，也不宜因噎废食、全盘否定，而是需要通过构建一套符合行政认定的证据审查规则和庭审调查方法，最大化地降低行政认定自身负面影响，在发挥行政认定证明作用的同时，将这种行政干预控制在司法容忍范围之内。

　　除从证据价值角度解析行政认定进入刑事诉讼的必要性之外，本书以下将着力于发现行政认定进入刑事诉讼的合理性根据。需要说明的是，笔者将采取一种实践理性的考察视角，不完全否认既有理论的解释力，但有意识地与西方"行政权－司法权"的自由主义理论话语保持一定距离。诚如徐勇教授所说，当前中国研究者存在的问题是，"由于近代历史落差造成的历史悲情，很容易造成学界的两极化思维"，一极是伴随中国的崛起，认识极度膨胀，"无理由"地对强势的西方话语（特别是自由主义学说）由"仰视翻转为居高临下的俯视"；另一极是仍然以西方的既有理论话语为"'唯一准则'并以此裁剪事实"②。证据法大家艾伦教授也这样讲道，"法律制度是政府的关键成分，它们

---

① 彭涛：《司法权与行政权的冲突处理规则》，《法律科学》，2016年第6期，第37页。
② 徐勇：《国家治理的中国底色与路径》，中国社会科学出版社，2018年，第3页。

反映了争端解决的深层政治理论",政府的权力组织形式是法律制度的重要变量,"当然,政府能以无数种其他方式加以建构。无论选择何种政府形式,更重要的是,无论以何种假设作为其基础,显然都将影响其法律制度的性质,进而影响争端解决和证据规制的方式"[①]。换言之,艾伦教授旨在强调,美国三权分立的政治权力架构(或者说假设)直接影响了美国(以及其他判例法国家)对证据法制度的建构,但其中的证据法则不一定适用于别国。所以,一个国家应该采取何种证据制度,不能脱离本国的政治语境、制度现实。

第二节　行政认定进入刑事诉讼的合理性

一、缓和行政权与司法权关系

行政权与司法权/刑罚权的对立关系,追根究底是刑罚权、行政权由来之实体法规范即刑法与行政法的目的差异。学者经常有言,"行政法的指导原理是合目的性,司法法的指导原理是法的安定性"[②]。刑法属于司法法,当然也以追求法的安定性为目标,那么刑罚权的发动就应当克制,不得"轻举妄动"。这表现为:刑罚权发动前提是存在刑事违法性,从实质来说是指存在严重的法益侵害事实;而行政权发动的前提是只要形式上违反了行政法的禁止规定或者行政法赋予的义务,就具有违法性,不要求存在侵害实质的法益。

例如,《刑法》第134条重大责任事故罪的构成要件表现为,违反有关安全管理的规定+重大伤亡等严重后果。那么,重大责任事故行为的刑事违法性内容就是违反行政法律法规(《安全生产法》等)并且严重侵犯法益。但是,就《安全生产法》等行政法律法规的违法性成立而言,只要行为违反了该类行政法中的任何一个禁止、命令规定就足矣。例如,《安全生产法》第28条规定,生产经营单位在有危险因素的设备、场所必须设置安全警示标志,没有设置的就构成行政违法,行政机关可以对其责令整改、科处罚款。即是说,像这

[①] [美]罗纳德·J·艾伦:《艾伦教授论证据法(上)》,张保生、王进喜、汪诸豪等译,中国人民大学出版社,2014年,第3页。

[②] 张明楷:《外国刑法纲要(第三版)》,法律出版社,2020年,第3~4页。

种单纯没有履行行政义务的行为根本上不会对某种实在的利益造成侵害,但行政法出于合目的性的考虑,即追求行政实效性的考虑也会将其当作违法行为处理,通过行政权的发动使之回归预设的法秩序轨道。换言之,刑罚权发动的前提条件是有一个固定标准的,但行政权发动的前提则复杂多变,具有强烈的政策性、灵活性特征。结合现代的法治语境、我国的刑法立法模式、学界形成的初步共识来看,其实很难说行政权与刑罚权存在对立关系,毋宁说是一种缓和关系。

第一,古典自由主义国家观是行政权与刑罚权对立的理念前提,但这一理念即便是在西方也不复成立。

众所周知的是,在自由主义国家观念的指引下,行政权与司法权/刑罚权互不干涉、彼此对立,刑罚权如何发动,在何种前提下发动,不容行政权置喙。这被认为是形式法治的核心含义。但是,第二次世界大战后,在面临市场机制失灵、犯罪激增、社会动荡的现实问题下,行政权持有人之政府的"守夜人"角色遭到质疑,人们开始对古典的自由主义理论进行反思。反思的结局是,自由主义国家观演进为社会法治国家观,最后迈向新自由主义国家观。人们仍然要求形式法治,行政权与司法权仍然存在彼此的界限,但是两者的对抗关系已经趋于缓和,并且走向合作的状态。特别是在增进公共福利,为公民提供更好的外部发展条件的情况下,合作的连接点就在于增进公共利益、保障公民权利[①]。在这种背景下,刑罚权基础之刑法与行政权基础之行政法在规范目的、价值构造上也发生了一定变化。如刑法学者指出,刑法已经由消极的报应刑法观走向预防刑法观。刑法学者对预防刑法观基本表示认同,因为"刑法不能一成不变,必须因应社会现实和民众需求的变化而不断地作出修改和完善","预防刑法的出台弥补了传统刑法的不足,符合刑法的谦抑性原则,实现了刑法机能的新平衡"[②]。另外,行政法的价值构造也发生了变化,这集中表现为行政法理论对新自由主义的诠释和接纳。在新自由主义的浸染下,对于市场调控、风险防范、福利增进等问题,行政机关不再是消极的、被动的,而是以一种相对积极的姿态参与其中;传统的"公民权-行政权"对立范式也被证否,公民权不是阻止行政权的理由,相反是奠定行政权的根基,两者走向协作与平衡[③]。据此而言,刑法不再是片面追求法的安定性,它与行政法一样,在预防

---

① 陈新民:《德国公法学基础理论(上卷)》,法律出版社,2010年,第237页。
② 王良顺:《预防刑法的合理性及限度》,《法商研究》,2019年第6期,第58页。
③ 陈小文:《行政法的哲学基础》,北京大学出版社,2009年,第113页。

风险的层面也开始强调合目的性。

第二，具有行政从属性的行政刑法或者说法定犯罪的出现，促使刑法与行政法出现价值渗透的趋势。

学者在强调行政法追求合目的性、刑法追求法的安定性的同时，又会指出"行政刑法兼有司法与行政法的性质"[①]，即行政刑法既追求法的安定性，也追求合目的性。众所周知，国外的行政刑法或法定犯罪具有概念从属性、法规从属性、行政行为从属性的行政从属性特征。具体来说，指法定犯罪构成要件要素的具体化或者需要根据行政法予以填充，或者直接由行政法规确定犯罪构成要件，又或者行政行为是法定犯罪可罚性的基础。学者认为，犯罪的行政从属性体现出行政法对刑法的规范影响效应，行政权对刑罚权的干预是直接的、明显的[②]。虽然行政刑法、法定犯罪是德国、日本分散式立法下的产物，而我国采取的是统一式刑法立法，但事实上我国刑法中一些法定犯也具有行政从属性，而且这种行政从属性的特征还更加明显。

一方面，我国刑法中有很多犯罪都具有典型的行政从属性，但是，如学者指出，我国刑法中的行政从属性其实很难严格地划分（或者说不必要区分）行政概念从属性与行政法规从属性，两者可以合并为行政法规从属性，所以我国语境下的犯罪的行政从属性可以划分为行政法规从属性与行政行为从属性。所谓行政法规从属性包含行政概念从属性，例如，《刑法》第 140 条生产销售伪劣产品罪之"伪劣产品"，需要根据《产品质量法》等行政法律、法规予以具体化，同时生产销售伪劣产品的行为也是具有行政违法性的行为。所谓行政行为从属性，是指犯罪的成立前提是未得到行政许可（如第 225 条非法经营罪等）、违反行政命令（如第 139 条消防责任事故罪等）、受过行政处罚（如第 153 条走私普通货物、物品罪等）。

另一方面，我国刑法中法定犯罪客观上具有的行政从属性，在体现行政权渗透刑罚权的层面上，其实还比德国、日本的法定犯罪更加彻底。因为德国、日本的法定犯罪虽以行政从属性为特征，但两国的行政权与刑罚权的适用对象上却是彼此对立的。如学者所说，在德国、日本法体系中，"在刑事违法行为与一般违法行为之间，一般不存在交叉的部分，不会存在行为类型在轻微的时候属于一般违法，而在严重的时候属于犯罪的情况。一种行为，只要法律将其规定为一般违法，无论行为多么严重，情节多么恶劣，后果多大，也是一般违

[①] 张明楷：《外国刑法纲要（第三版）》，法律出版社，2020 年，第 4 页。
[②] 刘夏：《犯罪的行政从属性研究》，中国法制出版社，2016 年，第 112 页。

法而不是犯罪"①。即是说，德国、日本的行政权与刑罚权在各自管控的行为类型上就存在截然的区别。一个行政违法行为不可能因为违法很严重而构成犯罪被处以刑事罚。但是，我国刑事处罚与行政处罚适用的行为类型存在高度的交叉重叠，符合适用行政处罚的违法行为，完全有可能因为情节很严重、后果很严重等升格适用刑事处罚而构成犯罪；相反，一个犯罪构成要件的违法行为，也可能因为没有达到刑法或司法解释制定的入罪标准，而降格适用行政处罚。而且，对于刑事处罚与行政处罚，司法实践中还存在"行刑衔接"的处理机制。所以，我国刑法学界通常认为法定犯罪具有双重违法性，即揭示出我国的法定犯罪与行政违法具有高度交叉重合的关系，刑罚权与行政权也就并非对立的，而是处于一种高度协助的关系。

第三，在具体场合司法权/刑罚权应当尊重行政权，不仅在既有理论主张上得到反映，而且已经成为学者的初步性共识。

一般而言，行政机关行使行政权的结局可能是对相对人作出行政违法的认定或者是作出行政处罚的裁定，如果相对人不服，在行政复议后提起行政诉讼，那么法院原则上可以对行政机关的结论予以审查并推翻。这属于司法权对行政权的制约，以及司法权作为正义的最后一道底线的体现。但事实上，实践中并非所有场合司法权都会对行政权作出的结论予以审查，对个别行政权有高度话语权的事项，司法权要予以高度尊重，这事实上使得行政权享有"说最后一句话的权力"。这便是行政法上不确定法律概念理论所要解决和回答的问题。

不确定法律概念理论认为行政法中很多法律用语都是不确定的，根据其内容和具体化方法，可以分为经验性不确定法律概念与规范性不确定法律概念。对于这两类概念的区分，学者认为"前者依据单纯之知觉或特定之经验（包括一般人的生活经验和专家的知识经验）即可被理解，其涉及可感觉的或可体验的客体；后者必须借助适法者的评价态度、价值衡量方能认识其意，且不存在可感知的客体"②。行政机关对这两类概念的涵摄结论，司法机关的审查态度是不一样的。有学者指出，对于经验性不确定法律概念，司法机关要无条件全部审查行政机关所作涵摄结论的客观性；行政机关对规范性不确定法律概念作出的涵摄结论，司法机关原则上要予以审查，但例外场合不得予以审查，而是要给予充分的尊重③。学者认为，让行政权在个别场合享有"说最后一句话的

---

① 李洁：《罪与刑立法规定模式》，北京大学出版社，2008年，第17页。
② 尹建国：《行政法中的不确定法律概念研究》，中国社会科学出版社，2012年，第61页。
③ 翁岳生：《行政法与现代法治国家》，台北三民书局，2015年，第54页；陈振宇：《不确定法律概念与司法审查》，《云南大学学报（法学版）》，2008年第4期，第1～6页。

权力"意义在于，使得"司法制衡与行政能动间保持适当的张力，这是现代实质法治的客观要求"①。

将不确定法律概念的逻辑运用到刑法的解释适用过程中，也会得出一样的结论。有学者指出，"在办理刑事案件过程中，当遭遇不确定法律概念时，司法机关应当区分不确定法律概念的性质，究竟属于客观性不确定法律概念还是价值性不确定法律概念"。如果是前者，司法人员一般应当将行政机关对其作出的"行政解释视为普遍认知和接受的社会经验法则，通过它寻找发掘出立法者所希望设立的相关领域内的道德底线，进而在此基础上予以适用"②。即是说，不确定法律概念对刑事案件事实认定具有一定拘束力。

例如，在"骆某涉嫌伪造金融票证罪案"中，被告人骆某涉嫌伪造金融票证罪被抓获，经查，骆某伪造的不是《刑法》第 177 条罪状中的例示的票证，而是银行现金借款单、银行征询函、对账单。这些凭证是否可以被认定为"其他银行结算凭证"就成为关键问题。因为《票据和银行结算凭证附式》列举的凭证中没有明确包含这三种结算凭证。于是，该案司法人员发函让中国人民银行给出认定意见，后者给出的答复是借款单属于银行结算凭证，但是征询函、对账单则被排除在外。公诉人据此指控骆某构成伪造金融票证罪，法院没有支持该罪控诉，而是判决构成其他犯罪。对于该案，有学者分析指出，法院无理由地拒绝中国人民银行的认定意见并非妥当。因为，法官并非金融票证领域的专家，他们对金融票证的认定结论未必就比专业的行政机关人员更为准确；加之，金融票证本身属行政法上的价值性不确定法律概念，行政机关人员作出的解释，司法人员理应予以尊重；即便司法人员拒绝行政认定，也应当说明拒绝的理由，但该案法官并未如此为之，这使得该案判决的权威性大打折扣③。

事实上，在法定犯罪的解释适用过程中，行政机关依职权、依请求所作的解释结论，在学者看来原则上有尊重的必要性，也因此可以作为刑事证据加以使用。如陈兴良教授指出，"虽然行政权与司法权是两种不同性质的国家权属，具有不同的性质"，但是"对于行政认定也要具体分析"，在行政认定是"对行政违法事实做了认定"的场合，"虽然它不能直接作为法定犯的刑事不法事实

---

① 尹建国：《行政法中的不确定法律概念研究》，中国社会科学出版社，2012 年，第 11 页。
② 陈为钢：《不确定法律概念的行政解释在刑事办案中的效力》，《上海政法学院学报（法治论丛）》，2007 年第 2 期，第 39~40 页。
③ 案例来源，参见陈为钢、孙薇：《不确定法律概念行政解释的刑事诉讼效力评析——兼析一起伪造金融凭证案》，《人民检察》，2007 年第 4 期，第 27 页。评析意见，参见陈为钢：《不确定法律概念的行政解释在刑事办案中的效力》，《上海政法学院学报（法治论丛）》，2007 年第 2 期，第 38 页。

的认定根据，但对于法定犯的案件事实还是具有较大的参考性，对此还是应当归属于刑事诉讼的证据"[①]。此外，陈瑞华教授虽然以行政不法事实与犯罪事实的层次性理论为根据，认为行政机关所作处罚决定等认定结论（即行政认定）对于刑事司法裁判不具有预决的效力，但是他又认为，"对于行政机关针对案件专门问题出具的'行政认定函'，以及行政机关作出的处罚决定书，嫌疑人、被告人及其辩护人没有任何异议的，检察机关也可以将其作为指控犯罪的证据，法院经过当庭质证程序，也可以将其采纳为定案的根据。"[②]

学者之所以一方面沿用"行政权－司法权"的对立范式，另一方面却不得不承认行政认定在刑事诉讼中的适用必要性以及其证据能力，这其实充分表明，对于中国的司法实践，"行政权－司法权"的对立范式本身是不具有绝对解释力，想要以此否证行政认定进入刑事诉讼的合理性，亦不具有实在的说服力。

二、弥补司法鉴定不足、丰富鉴定种类

2021年3月施行的《最高人民法院关于适用〈中华人民共和国刑事诉讼法〉的解释》（以下简称《刑诉法解释》）第100、第101条将行政认定设置在第五节鉴定意见的审查与认定，即表明当前司法人员是将行政认定作为鉴定意见的一种（或者特殊的表现形式）加以处理。这从侧面反映，行政认定客观上具有司法鉴定的一些性质（特别是就事实性行政认定而言），而且能够弥补当前我国司法鉴定制度的一些不足，丰富鉴定的种类。

我国司法鉴定制度系借鉴苏联的刑事技术建构起来的。它与英美法系的专家证人制度与大陆法系的司法鉴定人制度都存在显著区别。众所周知，英美的专家证人制度是适应于对抗式诉讼模式下的制度，控辩双方享有平等且对抗的专家鉴定的启动权：控方在证据收集过程中如果认为有些事实需要专门性、专业性人员的科学解说更有利于裁判者理解事实，以便于支持其控诉，控方可以委托专家证人进行鉴定。同样地，如果辩方认为控方证据存在疑问，也可以委托专家证人进行鉴定，以降低辩方的指控力度，使得裁判者产生合理怀疑。而大陆法系的司法鉴定人制度则对应于职权主义诉讼模式，司法鉴定的启动决定

[①] 陈兴良：《法定犯的性质和界定》，《中外法学》，2020年第6期，第1487~1488页。
[②] 陈瑞华：《行政不法事实与犯罪事实的层次性理论 兼论行政不法行为向犯罪转化的事实认定问题》，《中外法学》，2019年第1期，第91~92页。

权掌握在法官手里，法官可以视案件情况依职权启动司法鉴定，而诉讼过程中控辩双方需要专门鉴定的，则只能向法官申请，由法官作出是否鉴定的决定，控辩双方本身无权启动鉴定程序。

在我国刑事诉讼模式下，司法鉴定的启动决定权不是由控辩双方共同、平等享有，也不完全由法官掌握，而是由侦查、控诉机关主导。一方面，司法鉴定采取行政式的管理制度，没有法定资质不得从事司法鉴定活动。这体现为，要么鉴定人员属于公安、检察机关内设的鉴定部门工作人员，要么属于登记在册的鉴定人或鉴定机构。前者在诉讼活动中依职权进行鉴定，这种场合的鉴定人员具有司法人员属性；后者则依侦查机关聘请担任鉴定人。另一方面，侦查机关启动的鉴定活动具有封闭性，辩方或者被害方无法参与其中，即便辩方自行做了鉴定，其也会被认为不具有证据资格而不被采用。虽然法院也有启动鉴定权，但较为有限，通常场合是法院在侦查、检察机关作出的鉴定之后，根据案件情况或者鉴定意见的瑕疵又或者是辩方申请，进行补充鉴定或者重新鉴定，换言之，法院只享有审判中的鉴定启动权。这其中辩方虽然可以向法院申请，但如学者指出，从近年来引发社会广泛关注的刑事审判情况来看，被告人向法院提出的"补充鉴定"或"重新鉴定"请求，大多遭到了拒绝[①]。

相较于大陆法系、英美法系，我国的司法鉴定存在两点独特之处：一方面具有行政化管理的特征，对鉴定人、鉴定机构设置法定资质标准以控制鉴定准入活动；另一方面对司法鉴定权的启动程序规定得比较严格，当事人不享有启动权，法院的启动权也较为受限。特别是就前者而言，从实践反馈以及学者研究来看，尽管法律法规对鉴定人、鉴定机关的资质制定了相对明确的标准，但实践中对鉴定人、鉴定机构资质的具体执行标准却发生了异化。

2005年《全国人民代表大会常务委员会关于司法鉴定管理问题的决定》被认为是中国司法鉴定的"基本法"，"不仅解决了司法鉴定人和司法鉴定机构登记制度不统一问题，还解决了司法鉴定与审判工作职能不分等影响司法鉴定客观性、科学性和准确性以及司法活动的公正与效率问题"[②]。但是，这一规定后来在司法部制定细化的《司法鉴定人登记管理办法》的影响下发生了一定的变化。突出的表现是，地方检察机关、公安机关在具体执行鉴定管理规定的过程中，对鉴定人、鉴定机构的准入标准做了更严格的要求。例如，有学者经

[①] 陈瑞华：《刑事证据法（第三版）》，北京大学出版社，2018年版，第313页。
[②] 郭华：《健全统一司法鉴定管理体制的实施意见的历程及解读》，《中国司法鉴定》，2017年第5期，第2页。

过实证调研指出，某省检察院在审查鉴定资格申请人的过程当中，除了根据最高人民检察院《人民检察院鉴定人登记管理办法》规定的条件进行审查，还增加了一项条件：申请人必须是在技术部门工作的人员，并且是专职技术的人员。而且在申请鉴定人登记过程中，某省检察院对这一项条件的审查非常严格，只要有一项没有达到，就直接驳回申请。这最终导致的结局是：截至2014年，某省只有227名技术人员获得了司法鉴定人资格；"省检察机关重新批准的鉴定机构和鉴定人比之前减少了三分之一，这些没有重新登记的鉴定人主要是因为不是专职的技术人员"[①]。

有学者指出，在一定地区内需要刑事司法鉴定的"案源是有限的，基本稳定，而且为了解决实务中暴露出的多头鉴定、交叉鉴定、重复鉴定，以及社会鉴定机构存在的科学性、公正性、权威性不足的问题，有必要采取行政式的鉴定管理制度，并且控制鉴定人、鉴定机构的数量"[②]。但是，2005年的《全国人民代表大会常务委员会关于司法鉴定管理问题的决定》对鉴定种类的规定，如法医学鉴定、司法精神病学鉴定、物证技术鉴定、司法化学鉴定、会计鉴定、测谎鉴定等，适用的场合大多是人身犯罪、财产犯罪类案件等。例如，有学者经过600份判决书的实证考察指出，司法鉴定的涉案类型中，前三位分别是盗窃罪（31.17%）、故意伤害罪（12.83%）、寻衅滋事罪（10.33%），最后三位是非法持有枪支罪、窝藏毒品罪、放火罪（总占比0.34%）；35类案件类型中，大部分是侵犯人身、财产的犯罪，典型的法定犯罪如非法持有枪支罪、非法经营罪、滥伐林木罪等，只占少部分；在鉴定种类方面，居前四位的是价格鉴定、死因鉴定、伤情鉴定、乙醇成分鉴定[③]。

从上面两个现象可以发现，当前的司法鉴定存在两个问题：第一，鉴定人群体过于封闭、精简。基于行政管理式的司法鉴定体制，同时出于保障鉴定意见的权威性和管理效率，我国刑事诉讼法以及相关配套规定体现出严格控制鉴定人准入制度、不轻易对外开放的价值取向。第二，鉴定活动趋于传统，具有局限性。实践中需要司法鉴定的事项，大多集中在常发型案件的处理中，在案件类型、鉴定种类、鉴定对象方面都具有传统性。如学者指出，这种状况下，"侦查机关自设鉴定部门的鉴定范围极其有限，一般除了常规的物证、痕迹、血型、化学、笔迹、毒品等鉴定项目之外，其他很多鉴定事项都必须委托行政

---

① 罗雅琴：《我国刑事司法鉴定制度的完善研究》，湖南大学，2014年，第18～19页。
② 罗雅琴：《我国刑事司法鉴定制度的完善研究》，湖南大学，2014年，第21页。
③ 王露平：《刑事司法鉴定制度庭审运作的实证研究》，西南政法大学，2019年，第7～11页。

机关所属或指定的鉴定机构进行鉴定，如价格鉴定、产品质量鉴定、食品毒物或添加剂鉴定、药品质量检验、工程质量鉴定等"[①]。价格鉴定、产品质量鉴定等需要鉴定的项目，其实就是指在法定犯罪处理过程中需要处理的问题。而对于法定犯罪案件的处理，无论是违法犯罪事实的认定，还是专业鉴定所指向的对象，均超出常规型、传统型犯罪案件中司法人员的知识能力、技术能力和审查范围，传统的法定司法鉴定也无法完成上述鉴定事项。例如上文"骆某涉嫌伪造金融票证案"，对于何为金融票证的认定或者说鉴定，既不是司法人员所能处理的，对于长期从事传统鉴定类型的鉴定人员而言也并非力所能及。换言之，虽然对传统案件的处理，司法鉴定能够充分发挥其科学、专业的鉴定技能以辅助刑事证明，但是司法鉴定存在的功能限度是非常明显的。有学者曾直白地指出，我国司法鉴定制度中，"由法定部门核准的司法鉴定机构及其鉴定人是解答涉案专业性问题的唯一主体，其他专家的意见均被排除在外。这种制度固然具有高效的优势，但也暴露出解决问题手段单一、监督制约机制不足等弊病"[②]，从多种角度扩张鉴定制度、引进不同鉴定（认定）方法，就有必要。事实上，我国刑事立法和司法实务也采取了相对开放的态度，没有固守法定且单一的鉴定方法，而是予以变相扩张。

一方面，《刑诉法解释》间接承认了行政认定。2012年《刑诉法解释》第87条与2021年《刑诉法解释》第100条均规定，没有法定鉴定机构的，可以聘请专门知识人就专门性问题出具报告作为刑事证据使用。"专门知识人"没有具体限定是哪一类人，文义上就包括行政机关中的工作人员。有学者专门指出，由行政机关自己对一些基础事实作出的判断和鉴别，或者由行政机关委托第三方机构作出的鉴别，学理上谓之行政认定，其实也可以称为一种"行业检测报告"；《刑诉法解释》之所以明确确认下来，理由便是："这些事项原本是需要进行专业鉴定的，只是由于相关鉴定业务的发展不充分以及司法鉴定管理体制的不完善，缺少法定的鉴定机构，故而在此情况下，司法解释为了满足实践需要，作出了变通规定，可以聘请有专门知识的人进行检验并出具检验报告。但是，这些机构和人员有别于司法鉴定机构和鉴定人，作出的书面报告在

[①] 董坤、纵博：《论刑事诉讼中行政鉴定证据的使用》，《河南大学学报（社会科学版）》，2015年第4期，第49页。

[②] 龙宗智、孙末非：《非鉴定专家制度在我国刑事诉讼中的完善》，载司法部司法鉴定管理局：《司法鉴定统一管理体制改革与发展研究文集》，中国政法大学出版社，2016年，第409页。此外，这些文献也表达了相同意见，例如，邵勋：《论专家证人制度的构建——以专家证人制度与鉴定制度的交叉共存为视角》，《法商研究》，2011年第4期，第89~96页；胡震远：《我国专家证人制度的建构》，《法学》，2007年第8期，第92~97页。

格式上也不都符合鉴定意见的要求，因此从一定意义上说，行业性检验检测报告实际上是一种过渡性产物。"[1] 即是说，《刑诉法解释》对行政认定等非法定的鉴定方法的承认，其实侧面反映法定鉴定方法本身无法满足实务中多元鉴定方法需求的现实，由此才不得不间接承认法定鉴定以外的鉴定方法。同时，这也反映行政认定可以起到弥补法定鉴定方法不足的作用。

另一方面，实务中对行政认定的适用也较为普遍，形成了一定的司法共识。在法定犯罪案件的司法判决中，经常可以看到"有关部门鉴定"的表达。例如，在一起走私废物罪的案件中，判决书记载这样一句话："经有关部门鉴定，上述集装箱内的货物全部为国家禁止进口的城市垃圾固体废物。""有关部门鉴定"是模糊化的表达。如果是由法定的鉴定人或鉴定机构作出的鉴定，则一般会在证据部分列举证据意见。而以"有关部门鉴定"加以指代，意义即在于对行政机关作出鉴定或认定的承认。除此之外，近年来一些典型的司法案例，也较为直观地反映出司法人员对行政认定弥补法定鉴定方法的肯定性态度。

例如，近年来认定"新型地沟油"的事例便是典型。在"张某某等生产、销售有毒有害食品案"中，李某某在明知张某某炼制食用猪油的情况下，于2007年至2012年将含有淋巴结的膘肉碎、肚下楋肉等卖给张某某，后者在明知这类猪肉组织包含淋巴结的情形下炼制成猪油卖给王某某，王某某也在知情之下使用这些猪油烹制食物卖给顾客。后三人均被判决构成生产、销售有毒有害食品罪。该案的争议焦点是，2006年国家质检总局虽然发布食用猪油国家标准，明确要求炼制的食用猪油的脂肪组织不能包含淋巴结，而且《最高人民法院、最高人民检察院、公安部关于依法严惩"地沟油"犯罪活动的通知》也对"地沟油"作出了界定（用"餐厨垃圾、废弃油脂、各类肉及肉制品加工废弃物等非食品原料"炼制出的"食用油"），其中，动物组织炼制出的"地沟油"，必须是"肉制品加工废弃物"炼制而成的，但是何谓"肉制品加工废弃物"，包含淋巴结的猪肉组织是否能被包含在内，这是司法解释没有明确的。而且，在审理过程中，被告人及其辩护律师抗辩，根据他们聘请的专家检验，包含淋巴结的猪碎肉炼制出的食用油对人体没有危害，自然就不能认定是"有毒、有害食品"。但是，当地食药监部门出具认定意见称，其一，从日常食品卫生执法活动反馈的经验来看，含有淋巴结的膘肉碎、猪下楋等物质被一般认

---

[1] 胡保钢、谷永清、刘吉强：《刑事诉讼中行政认定的证据属性》，《人民检察》，2019年第16期，第23页。

为是不具有食用价值，以及难以在市场流通销售的，认定为"肉制品加工废弃物"完全没有问题；其二，虽然科学检验这类猪肉组织炼制出的猪油没有显著的毒害性，但这是根据科学技术标准认定出的结论，不完全符合法律上的标准，因为很可能受限于技术检验的水准得出失真的结论。最后法院采取该行政认定意见，判决被告人构成犯罪。该案具有非常典型的意义。实务界人士亦点评指出，"对何为'地沟油'，并没有法定的鉴定方法"，"应当结合技术标准和法学标准综合判定"，"食药监部门等行政机关的认定对刑事办案具有重要意义"①。即是说，如果没有司法鉴定，但行政机关出具的认定意见具有合理性，就可以予以采用。这恰好弥补了固有鉴定方法的封闭性。

除此之外，法定犯的构成要件要素，如行政概念、行政标准等，一般可以通过援引相关的行政法律法规予以具体化。如果有明确的法律法规，这一般不成为问题，自然不需要启动行政认定，司法人员直接在起诉书或者判决词中列举需要依据的法律法规即可。真正成为问题的场合是，其一，行政法律法规没有规定；其二，行政法律法规本身比较含糊。这种情况下，不可能委任鉴定人来解释，法定的鉴定方法根本无用武之地。因为鉴定人只能对案件事实作出认定，不能对法律法规作出规范性解释，即使作出了这种理解也不可能得到采纳。原则来说，任一法律法规的解释权终归是由裁判者即法官享有，但对于行政法律法规的解释，行政机关不仅也有解释权，而且其解释结论的信度更高。所以，行政机关的认定就具有重要意义。

例如，在最高人民法院发布的第70号指导案例"某生物技术开发公司生产销售有毒有害食品案"中，某生物科技公司负责人杨某等，在生产销售的山芪食品胶囊中添加盐酸丁二胍，杨某等被起诉构成生产、销售有毒有害食品罪。该案有争议的问题是，盐酸丁二胍不在《保健食品中可能非法添加的物质名单》之列，也不在《最高人民法院 最高人民检察院关于办理危害食品安全刑事案件适用法律若干问题的解释》中直接认定的有毒有害食品之列。对此，侦查、检察人员咨询了北京市药监部门，药监部门经过调研以及组织科研专家论证之后，出具了《调研报告》和意见书，认为盐酸丁二胍具有危害性，不能添加在食品当中。即是说，虽然该化学物质不是被明文禁止的添加物，但是其与明文禁止名单中所列物质具有同等危害性。随后公诉人以北京市药监部门出具的材料作为证据材料提交，在庭审上被告人及其辩护人虽然对该证据材料的

---

① 人民法院出版社、《法律家》实践教学编委会：《破坏社会主义市场经济秩序罪裁判精要与规则适用》，人民法院出版社，2020年，第52页。

证明力具有疑问，但经过质证，最终得到审理法院采信。

该案也具有典型意义，实务人员总结该案定下的裁判规则是，"在食品生产经营中添加的物质虽不是《食品中可能违法添加的非食用物质名单》和《保健食品中可能非法添加的物质名单》中列明的物质，但若与上述名单中具有同等属性，且根据检验报告和行政机关认定意见等资料能够确定对人体具有同等危害的，应当认定为《刑法》第144条规定的有毒、有害的非食品原料"①。即是说，对于盐酸丁二胍这类物质是否属于"可能非法添加的物质名单"，首先，难以根据法定的鉴定方法进行司法鉴定，不仅仅因为该问题不在集中鉴定类别之中，还因为"有毒、有害的非食品原料"本身是一个规范性概念，对于从事事实鉴定的鉴定人而言是鞭长莫及的；其次，由食药监部门给出认定意见是非常合理的，理由在于如何认定行政法律法规禁止的非食品原料，本质上也是一个行政法规的解释性问题，不仅在行政机关的职责范围内，而且其基于专业性、科学性的认定方法能够得出合理的结论。该案作为指导案例发布，也从侧面反映根据行政机关出具认定意见进而解决刑事认定难题的合理性。

再如，在"王某销售伪劣种子案"中，被告人王某通过虚假宣传等网络营销手段销售"甜玉米""蔬菜"等农作物种子，以及各种景观用花卉种子、绿化用草种等种子。这些种子都属于王某以低价购买的种子，没有种子质量检验合格证，但王某伪造了相关证件在网上公开销售。买家购买后发现这些种子要么是不能发芽，要么是在植株过程中大量坏死，随后案发。在审理过程中，没有异议的是，"甜玉米""蔬菜"等农作物种子属于《刑法》第147条生产销售伪劣种子罪的种子。但有异议的是，王某销售的花卉种子和绿化用草种是否也属于该罪对象的"种子"。其实，关于《刑法》第147条生产销售伪劣种子罪的司法适用，实践中经常出现的争议问题便是如何确定"种子"的范围。实务人员一般认为，"对该罪中伪劣种子的认定应准用《种子法》第49条对'假种子''劣种子'的认定标准"②。但是，《种子法》只是于第2条第2款概括性地规定："本法所称种子，是指农作物和林木的种植材料或者繁殖材料，包括籽粒、果实、根、茎、苗、芽、叶、花等。"没有具体例示何种类别的种子属于该行政法规的管制范围。所以，实务人员又分析指出："种子是否属于'伪

---

① 人民法院出版社、《法律家》实践教学编委会：《破坏社会主义市场经济秩序罪裁判精要与规则适用》，人民法院出版社，2020年，第45页。
② 韩宏兴、吕哲：《销售伪劣种子罪的司法认定》，《中国检察官》，2019年第4期，第39页。

劣种子'应当经过专业鉴定或者专家进行鉴定,不能凭主观臆断。"①

具体到王某案,当地农业、林业部门给出的解释是,由于《种子法》第1条明确指示该法的立法目的在于"保障国家粮食安全,促进农业和林业的发展",并非针对所有种子的违法行为都会危及农林业的发展;花种、草种虽然与林业发展相关,但属于边缘性的种子,针对这两类种子实施的违法行为虽然可以处以行政处罚,但按刑法处理则并非妥当。该案法官最终采取了这一解释,将王某销售伪劣的花种、草种没有计算在犯罪违法所得范围内②。

上述两案,前者的场合属于行政法规本身没有规定,后者的场合属于行政法规有规定但比较模糊,两种场合都涉及的共性问题是,行政法规具有填充法定犯构成要素的功能,但对行政法规的解释是由行政机关作出的,而不是由鉴定人或者鉴定机构作出。可以看出,行政认定在这些案件中弥补了鉴定意见的不足,具有充分的实用性,使得鉴定方法走向多元化。

有学者曾对大陆法系的鉴定制度和英美法系的专家证人制度各自的优劣进行了比较详细的比较,分析指出两者在价值目标上都具有片面性,即前者侧重实质公正,后者则偏重形式公正,两者对效率的价值重视程度有明显区别,最后指出"从法律或司法角度来看,'发达的鉴定制度'包括两个指标:一是能够确保鉴定的中立性(或说公正性,而这种中立性的基础是鉴定的客观性和科学性);二是及时和充足地满足诉讼各方对鉴定的需要。为了实现这两个目标的完善,鉴定证据制度应在实质公正、形式公正和效率价值中寻找一个平衡点,理性的鉴定证据制度是在确保鉴定人中立的情况下,双方在选择鉴定人问题上形成合意","公正与效率是两大法系鉴定证据制度改革时应当追求的目标和方向,中立与合意是鉴定证据制度实现公正和效率价值的唯一路径"③。笔者对此种观点表示认同。一个合理的"鉴定"或者"认定制度"不应当是封闭的、片面追求中立性的,也要考虑如何满足多元的鉴定、认定需求,为高效司法提供一定助力。

---

① 人民法院出版社、《法律家》实践教学编委会:《破坏社会主义市场经济秩序罪裁判精要与规则适用》,人民法院出版社,2020年,第72页。
② 韩宏兴、吕哲:《销售伪劣种子罪的司法认定》,《中国检察官》,2019年第4期,第39~42页。
③ 黄维智:《鉴定证据制度研究》,中国检察出版社,2006年,第59页。

三、自身负面因子不构成阻碍进入事由

有学者对行政认定进入刑事诉讼的合理性表示怀疑，直接根据来源于行政认定所存在的一些负面因子。在"行政权-司法权"对立的理论话语下，这种负面因子具体表现为"行政鉴定主体的不中立"①。即是说，行政权主体可能在明知自身所作判断会影响刑事裁判结果的前提下，出于自身利益驱动作出不利于客观裁判的行政认定。这主要体现在行政机关所作出的价值性行政认定。

例如，有学者认为，在价值性行政认定场合，由于行政机关不仅是对事实的鉴别，还对法律涵摄本身作出价值评判，这已经超越了行政执法部门的鉴定范围和鉴定能力，应当属于被排除的非法证据②。但是有学者反驳，认为一概排除此种行政认定可能并非妥当。因为一项行政认定完全既可能包括事实认定也包括法律评价，"虽然法律评价超出了鉴定范围并影响法官对证据和事实的评判而归于无效，但不会导致事实评价部分无效"③，所以，倘若可以将事实评价部分和法律评价部分予以区分，那么只需要将其中的法律评价部分删除，而纯粹的事实评价部分予以保留，如此便不影响此项行政认定在刑事诉讼中的运用；如果两者无法区分，那么就应当将此项行政认定予以彻底排除。还有学者认为，"事实上，即使是真正的行政鉴定也可能包含相关的科学技术规范以及行政法规范两方面的内容"④，所以无论是事实性、价值性行政认定都应当排除在刑事诉讼之外。

在本书看来，行政认定的作出主体既然是行政机关，这种"不中立性"的负面因子确实客观存在，但值得思考的是，这种"不中立性"是否足够成为阻碍行政认定进入刑事诉讼的理由。

首先，在事实性行政认定类型中，不中立性的负面因子基本不存在。因为，事实性行政认定在客观属性上与鉴定意见并没有区别。特别是在行政机关委托第三方检测机构做检测报告的场合，其所具有的客观性、中立性与鉴定意见基本一致。如果坚持认为事实性行政认定不具有中立性，那么只能说所有的

---

① 顾永忠：《中国疑难刑事名案程序与证据问题研究》，北京大学出版社，2008年，第96页。
② 陈瑞华：《刑事证据法（第三版）》，北京大学出版社，2018年，第146页。
③ 董坤、纵博：《论刑事诉讼中行政鉴定证据的使用》，《河南大学学报（社会科学版）》，2015年第4期，第52～53页。
④ 邵俊武：《论行政鉴定及其司法审查》，载何家弘：《证据学论坛（第15卷）》，法律出版社，2010年，第37页。

鉴定意见都具有不中立性。因为，即便是司法鉴定人员也不可能做到完全的客观中立①。司法鉴定证据也并非完全地具有客观性，而是兼具主观性，"其是在司法鉴定人的操作下的专门行为，不可避免会沾染个人的主观因素"②。司法鉴定证据与行政认定之间的不中立性，只是一个程度性的问题。

其次，不中立性源于评价主体的价值倾向，然而，价值与事实之间的界限本就比较模糊。价值性行政认定更加体现出行政机关的主观性倾向，学界争议最大的也在于行政机关针对法律涵摄所作出的价值性评价。虽然从理论上可以将行政认定区分事实性、价值性行政认定，但从实践操作来看，事实性行政认定与价值性行政认定，以及行政认定中事实性部分与价值性部分的边界是比较模糊的，一项行政认定事实部分和法律评价部分是交织糅合的，难以有效界分。例如，某市地税局稽查分局出具的"鉴定意见"多处使用了"偷税"的表述，结论部分也直接认定"偷税合计"多少元，最后将此份"鉴定意见"提交给侦查部门作为证据材料。有学者认为，此种场合作为行政机关的稽查分局"显然超越了鉴定意见的鉴定范围，而对适用法律作出了判断"，即是稽查分局使用"偷税"的表述是一种价值性评价，不是一种事实性认定③。问题是，一方面，即使认为"偷税"是价值性评价，但价值性评价是以一定事实为基础的。倘若行为人没有少交、骗交税款的事实，那自始不可能被评价为偷税。即是说，价值性的法律评价本身也包含一定的事实基础，两者并非绝然对立。另一方面，行政机关没有权力对刑法上的构成要件要素作出法律涵摄结论，但对行政违法事实的构成要素有作出评价的权力。现实中的很多场合，行政机关作出的法律适用结论，仅仅是针对行政违法行为本身构成与否而言的。即使税务机关作出"偷税"的评价，也只是行政违法意义上的偷税，绝不可能针对逃税罪意义上的"偷税"作出评价。刑法规定逃税罪成立要以一定的数额为基准，税务机关作出偷税多少元的结论，本身也是对行政违法事实作出的结论。既然学者认为可以将一项行政认定中的法律评价部分删除后只保留事实部分作为证据应用，其实也就相当于间接承认了价值性行政认定中，可以保留事实性部分作为刑事证据材料。

再次，法定犯具有行政违法与刑事违法的双重违法的特征，这决定了行政违法的价值判断对刑事违法的价值判断而言，就属于一种特殊的事实判断。对

---

① 刘红、纪宗宜、姚澜：《司法鉴定证据研究》，法律出版社，2012年，第98页。
② 杜志淳、宋远升：《司法鉴定证据制度的中国模式》，法律出版社，2013年，第9页。
③ 董坤、纵博：《论刑事诉讼中行政鉴定证据的使用》，《河南大学学报（社会科学版）》，2015年第4期，第52页。

于法定犯之刑事违法的判断而言，行政机关对行政违法事实的认定结论在适用刑法的意义上，也仅仅是一种事实性的认定。当人们说行政认定具有不中立性是一种负面因子时，这种负面性只能是针对刑事违法的判断，但对于行政违法本身的判断而言不存在任何负面性。即使说行政违法的判断最终会影响到刑事违法的判断，刑事违法的判断被行政机关架空，或者是刑事违法性的判断交给了行政机关而不是司法人员，但这一类的批判没有十足的说服力。因为，无论是专家证人还是鉴定证据制度，本身也是将司法判断权交给了专业的个别人，即便是在英美法系的专家证人制度下，司法判断权"被架空""被侵蚀"的疑问也并非不存在。例如，美国在1923年的一起判决中确定了一项所谓"弗赖伊规则"（Frye Rule），即一个具体的科学技术方法（事实发现、证明方法）是否具有客观性、可靠性的规则："一个科学原理或新发现越过实验和论证之间的界限是很难的。在这一交叉点上，必须认识到该科学原理的证据力量，而当庭采取主动去承认从那些已得到普遍认可的科学原理或发现出来的专家证明时，必须有足够的事实证明供演绎用的科学原理或发现在其所属的领域里获得普遍的承认"[①]。是否获得普遍承认的规则，如何理解、把握普遍性承认，在后来的政府诉圭亚那案中被解读为："若使用的技术是那个领域里绝大部分成员明显支持的，该检验就是可行的。"[②] 根据该规则，一项能够被普遍承认的而且是能够进入刑事诉讼作为证明方法加以使用的科学技术，必须具备两个要素：一是"为领域内成员普遍认知"，二是"为领域内绝大部分成员明显支持"。对于该规则，在美国即使有不少学者表示支持并提供不少理由论证其合理性，但仍然有一些批判人士认为，"该规则把法律决定权交给了科学家，'普遍接受'替代了对所举证据的可靠性和有效性的实际分析"[③]。

即便是在专家证人制度相对发达的美国，对专家意见、科学证据等中立性疑问也是客观存在的。这反映的问题是，在人们的观念中，法官应当对审判程序的主导、法律规范的解释适用以及证据证明活动的展开，必须"大包大揽"，否则裁判结果就始终是不公正的。这显然犯了逻辑性错误。因为固然法官是裁判的主导者，法官对法律的解释、适用享有最终的解释权，在一定意义上法官也是事实认定的决定者，但法官实际上没有能力进行全面的事实调查、认定。所以现代刑事诉讼建立了各种证据规则，目的即在于辅助法官发现事实、认识

[①] 陈永佳：《论刑事诉讼中科学证据的认证》，西南政法大学，2010年，第25页。
[②] 徐铀：《DNA技术在案件中的应用》（供教学参考），北京物证技术研究中心，1999年，第89页。
[③] 黄维智：《鉴定证据制度研究》，中国检察出版社，2006年，第29页。

事实并据此裁判。

　　最后，不能将个别场合行政认定的"不关联性"误认是"不中立性"。即是说，有一些场合行政机关作出的认定材料与犯罪的构成要件要素没有关联性，因而不能作为证据使用，但这不代表该行政认定是不客观的，更不能以此为由推而广之地对所有行政认定作出否定性评价。例如，根据2008年《最高人民检察院、公安部关于公安机关管辖的刑事案件立案追诉标准的规定（一）》第82条规定，向他人传播淫秽物品达200至500人次的，就构成《刑法》第363条传播淫秽物品罪。实践中，传播淫秽物品已经由线下转移至线上，行为经常表现为在网站、网页登载淫秽视听资料，供网友观看以达到犯罪目的。这种场合存在的问题是，立案追诉标准要求传播次数达到200到500人次，一般认为这是指"观看人的次数"，而不是"观看次数"。如何认定一个淫秽视听资料被传播了200到500人次，需要对该网站或网页的浏览数、点击数进行调查取证。而进行数据采集、固定的公安机关或者其他网络监管部门提取的数据存在的问题是，浏览数、点击数并非都是"观看人的次数"而可能仅仅是观看次数。这取决于执法部门采取何种技术方式进行认定以及对方网站、网址的加密技术①。有些场合可以根据不同IP数来确定观看人的次数，但大多数场合只能根据网页、网站后台数据确定点击数。显然，"点击数"通常是观看次数，很可能一个人或者一个IP地址就点击观看了200到500次。如果公安或者网络执法部门作出点击数的认定，这种认定则不能反映行为人传播淫秽物品达到犯罪程度的法益侵害性，属于不相关的证据材料，不能作为证据使用，但不能认为此种认定不具有中立性。

　　总之，行政认定进入刑事诉讼固然有一些让人心生疑虑之处，但总体上是值得肯定的一种证明方法。我们需要完成的工作只在于如何破除行政认定客观具有的不利于公正裁判的负面因子，而不是从源头上否定其合理性。如果参照上述美国的"弗赖伊规则"，行政认定完全属于能够被普遍承认的而且是能够进入刑事诉讼作为证明方法加以使用的科学技术。同时，如上述学者指出"中立与合意是鉴定证据制度实现公正和效率价值的唯一路径"，即使行政认定"不中立"，但只要有"合意"，即被告人也同意行政认定的使用，那么完全否认行政认定进入刑事诉讼就没有道理。此外，正如鉴定意见要接受质证、认证一样，行政认定也需要经过质证、认证才能作为证据使用，而且只要行政认定

---

① 人民法院出版社、《法律家》实践教学编委会：《妨害社会管理秩序罪裁判精要与规则适用》，人民法院出版社，2020年，第336页。

通过了质证、认证，那么行政认定所具有的负面因子就完全可以被控制，进而可用作辅助法官合理认识、评价犯罪事实的证明方法。如陈瑞华教授指出："对于行政机关针对案件专门问题出具的'行政认定函'，以及行政机关作出的处罚决定书，嫌疑人、被告人及其辩护人没有任何异议的，检察机关也可以将其作为指控犯罪的证据，法院经过当庭质证程序，也可以将其采纳为定案的根据。"① 当然，考虑到行政认定毕竟不是鉴定意见，如何对行政认定设计并适用程序性规则，如质证、认证规则，或许不能完全按照鉴定意见，需要予以另行设计和建构，但这并不能影响行政认定本身进入刑事诉讼的合理性。

---

① 陈瑞华：《行政不法事实与犯罪事实的层次性理论　兼论行政不法行为向犯罪转化的事实认定问题》，《中外法学》，2019年第1期，第92页。

第四章 行政认定的证据能力

目前学界尚未明确提出如何构建行政认定的证据审查规则和庭审调查程序。在本章，笔者结合行政认定的特点，从五个方面归纳提炼证据能力审查规则：第一，行政认定作出机关必须是有"认定能力"的行政主管机关；第二，认定对象的关联性，行政认定要证明的要素性事实是作为犯罪事实的行政违法要素或者行政性要素；第三，认定材料应当具有同一性、无污染性；第四，认定过程符合法定程序或者既有程序；第五，行政认定的书面材料应当具备一定的形式性要件。

第一节 行政认定证据能力的正面检讨

前文讨论了行政认定进入刑事诉讼的合理性，但行政认定本身是否具有证据能力，需要另行专门讨论。因为，尽管两个议题有紧密联系，但在推论意义上不存在逻辑必然性。正如上述怀疑说论者对行政认定持怀疑（其实也就是否定）态度，但是又不否认行政认定作为证据使用。怀疑说论者不否定证据能力这一点，在很大程度上由《刑诉法解释》的规定以及司法现状因素导致，但行政认定证据能力的法理根据却捉摸不清。而且，即便是肯定说论者对行政认定进入刑事诉讼的现象表示肯认，肯定说阵营内部对行政认定属于何种证据种类又存在显著分歧。由此而言，正面讨论行政认定的证据能力是有必要的。这里需要讨论的是法律规范表达出何种见解，这一方面要对现行法规范的含义边界进行挖掘，另一方面要对这种规范含义的解释结论找根据。

一、《刑事诉讼法》第 54 条第 2 款的含义射程

2012 年,《刑事诉讼法》将原第 45 条修改为第 52 条,增加第 2 款"行政机关在行政执法和查办案件过程中收集的物证、书证、视听资料、电子数据等证据材料,在刑事诉讼中可以作为证据使用"。同年颁布的《公安机关办理刑事案件程序规定》第 60 条作出同样确认,强调公安机关接受或者依法调取的上述证据材料可以作为证据使用;《人民检察院刑事诉讼规则(试行)》第 64 条第 2 款也对此表示确认,强调上述证据材料经人民检察院审查符合法定要求的,可以作为证据使用;同年,最高人民法院颁布的《刑诉法解释》也于第 65 条予以同样确认,强调经庭审查证属实的,上述证据可以作为定罪证据。即是说,"公检法"三机关均对原《刑事诉讼法》第 52 条第 2 款的内容予以具体化规定。其中值得注意的是,《刑诉法解释》第 87 条规定,在没有法定鉴定机构情况下可以指派专门知识人进行检验,检验报告可作为定罪量刑参考。

2018 年《刑事诉讼法》将原第 52 条修改为第 54 条,保留第 2 款内容至今。2021 年,最高人民法院颁行的《刑诉法解释》做了大幅修改,将原第 65 条修改为第 75 条,并且删掉原第 65 条"在刑事诉讼中可以作为证据使用"的表述,但是,"这并不意味着否定此类证据在刑事诉讼中的证据资格,而是结合下文的法庭采信规则,默示此类证据的证据资格"[①]。即是说,从"刻意强调"到"直接默示",表明最高人民法院对此类证据材料在刑事诉讼在证据能力的态度转变。

《刑诉法解释》在原第 87 条基础上制定了第 100 条,删除"定罪量刑的参考",直接规定为"可以作为证据使用"。并且,第 101 条规定,有关部门就事故调查形成的报告可以作为证据使用,涉及专门性问题的"意见"经法庭查证属实的,可以作为定案证据。《刑诉法解释》第 87 条规定,对于案件中的专门性问题需要鉴定但没有法定司法鉴定机构的,或者法律、司法解释规定可以进行检验的,可以指派、聘请有专门知识的人进行检验,但是检验报告只能作为定罪量刑的参考。根据该条规定,行政机关作出的检验报告只能作为定罪量刑的参考材料。不难发现,彼时最高人民法院对于非司法鉴定的检验报告、认定意见比较模糊,一方面认为行政认定等非司法鉴定意见可以进入刑事诉讼;另一方面又未肯定其证据资格,而是赋予其"参考材料"的定位。问题是,刑事

[①] 刘静坤:《最新刑事诉讼法司法解释条文对照与适用要点》,法律出版社,2021 年,第 54 页。

案件中收集的所有关于定罪、量刑的材料，要么是作为证据加以使用，要么是不作为证据予以运用，不存在第三种状态。所谓"参考材料"究竟是可以还是不可以用作证据，这是最高人民法院未予明确的。缘于此，在该条规定之后，实务中法院与辩护律师对行政认定证据资格出现对立主张的现象。如前述"某陶瓷内幕交易案""上海某公司内幕交易案"反映的那样，在内幕交易案件中，辩护律师会抗辩中国证监会出具的认定函不能作为证据加以使用。理由便是2012年《刑诉法解释》第87条明确规定其只能作为"参考材料"，不能归入任一法定证据形式。但法院的立场是，证监会出具的认定函具有证据能力。理由集中在三个方面：一是证监会有职权针对证券问题作出专业认定意见，具有合法性，而且证监会作出的认定无论是依职权或者依申请，都是直接影响行为人是否构成内幕交易罪的认定，具有相关性；二是证监会作出的认定函虽然不能归入鉴定意见，但这只是形式性问题，完全可以将认定函归入书证的范畴以此解决其法定证据形式的问题；三是2012年《刑诉法解释》第87条虽然将行政认定等非司法鉴定意见定位为"参考材料"，但其实并未否定其证据能力，因为《刑事诉讼法》第50条第1款原则性地规定了可以用于证明案件事实的材料都是证据。

正因为2012年《刑诉法解释》的规定较为模糊，对实务的统一化处理造成了一定影响，2021年《刑诉法解释》对该问题进行了专门解决。该解释于第100条对原第87条进行了修改：一是删掉"对案件中的专门性问题需要鉴定"这一前提条件，而是规定只要没有鉴定机构，就可以指派、聘请专门知识的人出具专业报告；二是删掉"定罪量刑的参考"这一表述，而是直接规定为"可以作为证据使用"。同时增设了第101条，规定有关部门对事故进行调查形成的报告，在刑事诉讼中可以作为证据使用。由此彻底明确了行政认定等非司法鉴定意见的证据资格问题。由此来看，最高人民法院对行政认定等非司法鉴定意见的认知，一开始也属于"摸着石头过河"，在2012年的《刑诉讼解释》中，虽没有明确肯定但亦不否定，而是交给司法人员在具体个案中具体回答。经过司法探索阶段之后，行政认定等非司法鉴定意见凸显独特且重要的证明价值，这使得最高人民法院大胆肯定了行政认定等非司法鉴定意见的证据能力。

可以很明显地发现，对于《刑事诉讼法》第54条第2款规定的证据材料的刑事证据能力，最高人民法院经历了从保守肯定到开放肯定的态度变化。特别是，在《刑诉法解释》先后规定的第87条、第100条，以及新规定的第101条，也传达出对扩大意见证据种类的立场和看法。如学者指出，一方面，第100条不再专门强调"没有法定司法鉴定机构"的要求，而是表述为更为宽泛的"因无鉴定机构",这意味着实践中不再区分法定司法鉴定机构和普通鉴定机构。只要是有资质的鉴定机构,所作的鉴定意见都具有证据资格,无论是鉴定意见还是专业报告,两者最主要的区别不在于实质内容,而是在于外在形式以及隐含的行业领域发展状况。另一方面,新规定的第 101 条的事故报告与第 100 条的专业报告类似,尽管目前法律并未专门规定此种证据形式,此类证据材料也不同于鉴定意见,但基于《刑事诉讼法》对证据含义的界定,可以证明案件事实的一切材料都是证据,因此,对案件事实具有重要作用的事故报告,有必要赋予其证据资格[1]。

可以认为,《刑诉法解释》第 100 条、第 101 条是对意见证据种类的扩大,法定鉴定意见之外的专业报告、事故报告一类的意见证据也具有证据能力,这使得我国意见证据制度的实际运作进一步接近了国外的专家证人制度。如果联系《刑事诉讼法》第 54 条第 2 款与《刑诉法解释》第 100 条、第 101 条来看,其实已表明当前整体的证据法规范已经直接承认了行政认定证据能力。而且,不仅仅是对事实性行政认定即学者所说的行政鉴定的承认,还是对价值性行政认定的认可。因为,一方面,《刑诉法解释》第 100 条、第 101 条都使得规定法定鉴定意见以外的鉴定、认定意见可以作为证据使用,那么行政机关作出的鉴定自然也可以作为证据使用;另一方面,第 101 条后段规定,有关部门对事故进行调查形成报告之专门性问题的"意见"经查证的也可以作为证据使用。这里所说的"意见"即是意见证据材料,既然是意见证据材料,就不可避免地包括有关部门之行政机关对个别问题作出的价值性评价。所以,也可以认为,《刑事诉讼法》第 54 条第 2 款与 2021 年《刑诉法解释》第 100 条、第 101 条的规定使得行政机关作出的行政认定具有证据能力。

值得注意的是,即便是在 2021 年《刑诉法解释》作出规定之前,就有学者指出,根据当时规范文件的互相印证,也可以解释《刑事诉讼法》第 52 条第 2 款(现第 54 条第 2 款)的规范意涵是对行政认定证据能力的承认[2]。但是学界普遍认为,《刑事诉讼法》的规定主要是对行政执法证据的刑事证据能力的承认,所以学界讨论行政执法证据的刑事证据转化也主要是围绕这一款展开[3]。因此,需要解决的问题是,如果没有《刑诉法解释》第 100 条、第 101

---

[1] 刘静坤:《最新刑事诉讼法司法解释条文对照与适用要点》,法律出版社,2021 年,第 82～83 页。

[2] 董坤、纵博:《论刑事诉讼中行政鉴定证据的使用》,《河南大学学报(社会科学版)》,2015 年第 4 期,第 48～50 页。

[3] 程龙:《行政证据在刑事诉讼中使用问题研究》,法律出版社,2018 年,第 1～2 页。

条的规定，单从《刑事诉讼法》第54条第2款本身的含义进行解释，是否能够解读出其包括对行政认定证据能力的承认。因为，一方面，即便2021年《刑诉法解释》承认了行政认定，但毕竟这是最高人民法院作出的解释性规定，如果《刑事诉讼法》条文的含义不能包括行政认定，单从根据2021年《刑诉法解释》第100条、第101条的规定就解读认为行政认定具有证据能力，那明显就是一种"类推解释"，存在严重的法理正当性疑问。另一方面，实务界对该款的含义也存在显著分歧。在2012年《刑事诉讼法》规定了第52条第2款之后，针对同年颁行的《刑诉法解释》，最高人民法院研究室工作人员解读认为，虽然该解释没有明确规定行政鉴定或者行政认定的证据能力，但是该解释也并未直接否认其证据能力，从司法实践的现实需要来看，有些场合已经由行政机关作出鉴定、认定、勘验固定下证据材料，没有必要另行鉴定，也可以直接作为证据使用[①]。但是全国人大法工委刑法室工作人员的理解与之相左。其认为，既然2012年《刑事诉讼法》第52条第2款对证据材料的种类作出了限定，就表明只能是行政机关在行政执法或者查办案件中的实物证据能够作为刑事证据使用，而不包括言词类、意见类的证据。因此行政鉴定、认定就不能包括在内[②]。所以，如何准确界定《刑事诉讼法》第54条第2款的含义射程，将成为讨论行政认定的重要前提。

如果认为《刑事诉讼法》第54条第2款也包含行政认定，那么需要着重解释的是，该款所谓行政机关在"查办案件过程中收集的证据"究竟是什么含义。因为，根据前文对行政执法证据和行政认定的划分可知，行政机关在"行政执法过程中收集的证据"即"行政执法证据"与行政认定是存在明显区别的，要得出肯定回答，便只能试图从第54条第2款中行政机关在"查办案件中收集的证据"这一表述上寻找可能的解释空间。对此，从逻辑上而言，这可能存在两种解释结论：一种是认为行政机关在"查办案件过程中收集的证据"仅指行政机关查办行政执法案件而收集的证据材料，因为是"收集"，不包括"作出"，所以像行政机关作出的行政处罚决定书这种书证材料都不能作为刑事证据；另一种则是认为行政机关在"查办案件过程中收集的证据"不仅指行政执法活动，还包括行政机关为了配合司法机关处理刑事案件而开展的案件处理活动等，所以"收集的证据"不仅包括行政执法证据，也包括行政机关自己

[①] 江必新：《最高人民法院关于适用〈中华人民共和国刑事诉讼法的解释〉理解与适用》，中国法制出版社，2013年，第48~49页。

[②] 全国人大常委会法制工作委员会刑法室：《关于修改中华人民共和国刑事诉讼法的决定：条文说明、立法理由及相关规定》，北京大学出版社，2012年，第48~50页。

"制作"或"做成"的证据材料,行政机关作出的行政处罚决定书,还有行政机关应对司法机关的请求作出的鉴定、认定,就被包括在内。

采取上面前一种解释可能依据的理由:因为该款是并列规定"行政执法"与"查办案件",意味着此处的"查办案件"只是"行政执法"的同位语;该款规定其实是对证据来源的限定,即只能是行政机关"收集"的证据材料,"收集"意味着行政机关单纯对证据材料进行整理和固定,不包括行政机关主动地"制作"或者"做成"。所以,该款不是对行政鉴定或者行政认定的证据能力的承认。然而,即便这两点理由符合人们对该款的一般的文义理解,但采取这种解释可能违反体系解释的要求。众所周知,体系解释的要求之一是解释者不能将法律条文解释成"废条",或者将法律条文的部分用语解释为"赘言",此为体系解释的"不赘言的要求"。具体来说,"每个法规范都应具有一个自己的适用范围,也就是说,如果一个规范的整体适用范围都被包含在另一个有相同法律效果的规范中,这个规范便成为多余,法律中不应存有这一规范。这个要求,反对通过解释的方式,将一个规范的适用范围紧缩到完全被另一个规范所包含"[①]。即是说,立法者是理性的,不会使用不必要的用语或表述。即便法律用语引起了歧义,作为解释者和研究者也"必须作出有利于立法者的假定",既要相信立法者不会制定非正义的法律,也要相信立法者不会使用无谓的用语[②]。

进一步说,倘若认为"查办案件"只是"行政执法"的同位语,意味着《刑事诉论法》第54条第2款完全可以删掉"查办案件"的表述,这个表述本身是没用的。但是,删掉这一表述之后该款要表达的意义又会发生显著变化。因为,并列规定"行政执法"与"查办案件",逻辑上意味着"查办案件"可以是"行政执法"以外的行政机关的职务、职权活动,这一点是立法者在做此规定之际应当且能够预料到的情况。从目前立法工作者阐发的各种见解来看,也没有明确表示"查办案件"是一个"赘述"。因此,完全不必要认为"查办案件"是"行政执法"的同位语,而是包括"行政执法"以外的含义,其中包括行刑衔接过程中行政机关收集、固定的用于证明达到"构成犯罪"的证据材料,以及行政机关为了配合司法机关处理刑事案件而依法作出的鉴定或者认定性材料。只要能够确定下这一前提,所谓行政机关在"查办案件中收集的证据"的"收集"的含义也就可以指行政机关对证据材料的"制作"或者"做

[①] [德]英格博格·普珀:《法律思维小学堂》,蔡圣伟译,北京大学出版社,2011年,第61页。
[②] 张明楷:《刑法解释原理(上)》(第二版),中国人民大学出版社,2011年,"序说"第3页。

成"。

　　"查办案件""收集的证据材料"形式上是平白性用语，不应该有什么歧义，但在具体语境中，特别是遭遇具体问题之际，也显露出其抽象性、不确定性一面。事实上，法律概念的不确定性、抽象性是不可避免的，因为"概念的不确定性是预料之中的事。通过这种方式，就能够为相应的法律规则确立比较大的适用范围和裁量空间，法律也因此具备了灵活性。借助与法律概念的这种开放性和不确定性，既可以将法律适用于新的事实，又可以适用于新的社会与政治的价值观"①。有学者曾直言不讳地指出，《刑事诉讼法》第 54 条第 2 款的规定本身是具有抽象性，其背后是立法者对行政执法证据等证据材料的证据能力较为保守的态度②。笔者反而认为，立法者之所以使用抽象用语，而且并列表述了"行政执法"与"查办案件"，其实就是为了留下一定的解释空间，以涵摄新的社会事实。

　　因此，从文义上来说，将《刑事诉讼法》第 54 条第 2 款理解为是对行政认定证据能力的认定，即行政机关依职权或依请求对犯罪要件事实的鉴定或认定材料的证据能力的认定，是完全有解释空间的。但不得不认为，完全根据这一点可能还不能完全令人信服。因为仅仅挖掘该款的意义内涵，只是根据文义解释作出的一种解释结论。但文义解释只能是解释线索，其本身不能完全成为一种解释结论的根据。《刑事诉讼法》第 54 条第 2 款包括行政认定的解释结论，显然是需要通过扩大解释方法才能实现的。因为，当前学界都倾向于认为《刑事诉讼法》第 54 条第 2 款的对象是指行政执法证据，将行政认定包含在内，就只能是对"查办案件"进行扩大解释。于是问题的实质就转化为，为什么要予以扩大解释，扩大解释的根据是什么。解答上述两方面问题后，方能确定将行政认定纳入《刑事诉讼法》第 54 条第 2 款规定范围的合理性、正当性。

二、扩大解释的理由

　　当人们要对某个法律规范或用语的含义做扩大解释之际，可能会穷尽各种理由，一般来说，可能是四种理由：一是扩大解释结论在原法规范的意义射程内；二是扩大解释结论不会导致体系上的冲突；三是扩大解释不会导致不妥当

---

① 伯恩·魏德士：《法理学》，法律出版社，2013 年，第 85 页。
② 杜磊：《行政证据与刑事证据衔接规范研究——基于刑事诉讼法第 52 条第 2 款的分析》，《证据科学》，2012 年第 6 期，第 658 页；杜宜泽：《立法目的视角下行政证据与刑事证据衔接之分析——以〈刑事诉讼法〉第 52 条第 2 款为基础》，《长春师范大学学报》，2019 年第 3 期，第 100 页。

的结论,不违背法规范目的;四是扩大解释结论可以产生明显的实践价值。其中第一和第二自不必赘述,而且上文已加以解决。需要稍加说明的是第三和第四。第三点理由其实也就是目的解释,可以说所有法解释都以一定目的为起点和终点。如果一种解释结论是符合该法规范目的,就是可以被支持的。例如,对于刑法学者而言,刑法的规范目的是保护法益,倘若刑法学者想对一个刑法条文做扩大解释,有一个关键理由就在于扩大解释之后能够更加有利于达到刑法的法益保护目的。同理,就证据法而言,倘若要对一个证据规定做扩大解释,一方面需要考虑是否符合该证据规定的规范目的,另一方面需要考虑扩大解释之后是否能够增进该证据规定乃至整个证据规则所要实现的价值。以下围绕这两个方面阐释扩大解释的理由。

第一,《刑事诉讼法》第54条第2款的规范目的即在于扩大证据材料范围,提升诉讼效率。自2012年《刑事诉讼法》增进行政执法证据开始,就表明立法者有意扩大证据材料的范围,提升证据收集、固定的效率。因为,一方面,行政机关在执法活动中收集的证据具有及时性,如对言词证据的收集,人们一般认为,一个人对最近的事情记得最清楚,时间隔得越久则记忆就会越模糊。行政机关对相关言词证据的收集能够尽早固定下当事人的真实记忆,倘若事后司法机关对当事人予以再次收集,则恐难保证言词证据的客观性,而且也不一定保证事后司法机关能再次顺利收集到当事人的言词证据。另一方面,在很多场合行政机关在执法活动中收集的证据具有不可替代性,如对实物证据的收集,行政机关在执法活动能够拿到第一手的实物证据材料,随着事后的时空推移,这些实物证据面临毁损、湮灭的危险,司法机关就不可能予以再次收集。基于这些理由,立法者规定行政执法证据可以作为证据使用。同样的道理,行政机关作出的鉴定或者认定也存在及时性和不可替代性,既然行政执法证据可以转化为刑事证据,那么行政认定也自然应当享有此种待遇和资格。当然,行政执法证据和行政认定是不一样的,行政执法证据要作为刑事证据使用还需要履行一定的转化程序,因为行政执法证据的收集、固定程序的严格性比不上刑事证据,但是行政认定一般不需要履行转化程序,或者说转化程序与行政执法证据不一样。因为,一方面,就事实性行政认定也即人们所说的行政鉴定而言,其作出程序本就与司法鉴定基本一致,2021年《刑事诉讼法》也明确规定了这一点,所以可以直接作为证据使用;另一方面,就价值性行政认定也即典型的行政认定而言,只需要在庭审中着重审查行政机关的价值性评价部分,在当事人没有异议情况下就可以作为证据使用。那种否定行政认定证据能力的观点,大多是将对行政执法证据的质疑套用到了行政认定,这并不妥当。

因此，行政认定应当具有证据能力，将《刑事诉讼法》第 54 条第 2 款扩张解释包含行政认定，其实是对该款提升证据收集、固定效率的立法目的的妥善实现。

第二，个案中，行政认定起到的证明价值难以替代。这种难以替代性集中体现在两个方面。一方面，笔者在前文也已经提及，目前我们的刑事司法鉴定制度是非常有限的，只能适用于常发型案件，针对的是传统的鉴定对象，如痕迹、血液、笔记、毒品等，而对于新型案件、鉴定对象，特别是行政犯罪构成要件要素的认定上，我们的刑事司法鉴定能力是有限的。对于诸如价格鉴定、文物鉴定、工程质量等鉴定对象，虽然在理论上可以提出方案，让司法鉴定人员通过学习新的鉴定知识以扩充鉴定技能，但是这些鉴定工作本身可以由行政部门处理，而且专业性的行政部门人员的识别、判断能力不逊于经过培训的司法鉴定人员，为何要浪费社会资源去改革司法鉴定制度呢？显然这种理论方案不具有现实的可行性。另一方面，在一些重大事故性案件中，行政认定作为刑事证据材料加以使用是不可回避的选择。在重大责任事故案件中，由于涉案人员众多、危害后果重大、溯因工作复杂等，所以这种案件的责任划分十分困难，在确定刑事责任主体的同时，还必须不漏过行政责任主体的划分。这种场合只能依靠具有组织性的行政机关进行调查，司法机关的查证能力是十分有限。特别是一旦重大责任事故经过媒体报道，舆论的压力也使得行政机关必须参与其中，甚至是要在案件处理过程当中担当主导者的角色。例如，2017 年全国震惊的"12·1"天津火灾案①，在此类重大责任事故中，由行政部门组织力量进行调查并且作出责任事故认定，在事后一般都会作为证据材料移交至司法部门，作为追究刑事责任的依据。这不仅仅是一种司法惯习，也是一种政治惯习。经过长期的实践检验，这种处理方式具有的法律效果和社会效果是非常明显的。因为，一方面，如果司法机关拒绝行政机关作出的鉴定或者认定，那么司法机关必须给出理由，然后要重新组织力量自行鉴定或认定，这事实上是非常困难的，不仅司法机关不具备这样的条件，而且会严重阻碍司法处理进程。另一方面，重大责任事故不仅仅是司法问题，还是一个政治性问题，涉及执政者、政府的公信力问题。一旦发生重大事故，人们第一时间想到的是"政府要出面给一个说法"，政府必须参与其中并且出具处理意见。相反，如果司法处理过程中没有行政机关的处理意见，司法裁判结果反而会被认为不具有公

---

① 《国务院安委会挂牌督办天津"12·1"火灾》，http://www.cnr.cn/tj/tt/20171220/t20171220_524069297.shtml。

正性。事实上，近几年的重大责任事故反复验证行政认定的合理性，也正是源于此，所以2021年《刑诉法解释》才增设第101条，明文承认在重大事故中，有关部门对事故调查形成的报告，以及对专门性问题的意见可以作为证据使用。

第三，行政认定作为证据使用本身也匹配我国的行刑衔接办案机制。从比较法的角度来看，英美法系不会区分刑事违法与行政违法，公共性的、国家性的制裁权统一归法院掌管，行政机关不享有制裁权。大陆法系国家如德国、奥地利、日本等，虽然区分了刑事违法与行政违法，行政机关享有一定的制裁权（秩序罚权），但是这种制裁是比较有限的。突出表现是，在大陆法系国家，行政机关惩罚的行为与司法机关要处罚的犯罪行为是不一致的，也即前文提到的，在行为类型、构成要件上就存在不一致。一个行政违法行为不可能因为情节、后果的增加就构成犯罪行为，一个犯罪行为也不可能因为数量、数额轻微就转为行政违法行为。即是说，刑罚权与行政罚（秩序罚权）的界限是十分明显的。所以，无论是在英美法系还是大陆法系，不可能存在行政执法证据转化为刑事证据的问题，也不存在对行政认定证据资格产生疑问的问题。与之相反，我国的社会治理模式是行政权与司法权并重，而且行政机关的处罚权较为庞大，很多受到行政处罚的行为，如果情节很严重、后果很严重，就成立犯罪；相反，很多行政犯罪（甚至是自然犯罪）如果情节轻微、后果不严重，就可以转化为行政违法，按治安处罚或者行政处罚程序办理。在实体上，行政制裁和刑事制裁之间就实现了双向互通的关系。那么在程序上，两者也必须实现双向互通，于是就产生了行刑衔接制度。诚如学者所言，行刑衔接制度是我国的开创性制度，是其他国家不具备的特色制度[①]。在行政机关向司法机关移送涉嫌刑事案件的过程中，将行政执法证据随案移送，并作为刑事证据使用，就成为必然的结局。这是2012年《刑事诉讼法》增加第52条第2款（现第54条第2款）的原因。同理，实体上行政违法与刑事违法行为类型、构成要件的高度重合，以及程序上的双向互通，也使得行政机关作出鉴定、认定的意见证据材料可以作为刑事证据有了逻辑上的必然性。可以说，行政认定作为刑事证据的处理机制，是我国行刑衔接办案机制的配套制度。

第四，在国外的证据实践中，采用行政机关制作的公文证书作为证据已经较为常见。例如，美国《联邦证据规则》第803条（8）规定公务机关记录的该机关的活动，或者有职责监视对象的报告等，由此形成的书证可以作为证据

---

① 龚义年：《刑行衔接机制研究》，法律出版社，2017年，第112页。

使用，而且明文规定这属于传闻证据规则的例外。因为这类书证具有特殊的可信性[①]。此外，美国联邦判例也指出对于一些公务机关的调查报告，不因为其包含公务机关的意见就不能作为证据使用，而是只要经过审查得出该调查报告中的意见是基于事实，具有可靠性，就可以在庭审中被审查得出可采性进而作为证据使用[②]。换言之，根据传闻证据排除的规则，原本这类证据材料是应当被排除的，但经过庭审审查也可以具备证据资格加以使用。即使是在行政权与司法权处于严格对立关系的英美法系，包含公务机关自身结论意见的公务文书反而因为其"公务性"奠定了可靠性，可以作为传闻证据法则之例外肯定其证据资格。因为，一方面，出具行政认定必须依据一定的法定标准，大量行政法律法规对此均有规定，这使得行政机关出具意见的自由裁量、判断权是十分受限的。例如，对于产品质量的鉴定方法、判断依据、申请主体、责任确定、鉴定报告的格式等问题，质监局必须依据《产品质量仲裁检验和产品质量鉴定管理办法》进行认定。再如，对于交通事故责任认定书，什么场合认定为全部责任，什么场合又是主要责任，这个具有高度价值判断性，事实上我国《民法典》《道路交通安全法》《人身损害赔偿解释》等一系列法律的相关规定其实对责任标准认定做了规定，这使得交管部门的责任认定并非恣意，而是有章可循的。另一方面，我国行政机关出具行政认定的事后追责机制也比国外严格。因为倘若行政机关鉴定、认定意见不妥当，导致错误的刑事裁判，当事人不仅可能被追究刑事、行政责任，还会被追究党纪责任。因此，基于我国的政治体制，行政机关所作行政认定的可靠性其实更高。

第五，就实践反映情况来看，在行刑衔接机制不断完善、深化发展的情况下，对于行政犯罪构成要素，由行政机关出具鉴定、认定意见已经成为常态，甚至已经得到明文化的制度承认。例如，山西省在2013年针对该省食品安全犯罪日益严峻的形势，开展了"打击食品犯罪，保卫餐桌安全"专项行动。在这一过程中，对毒辣椒粉、毒豆芽、毒凤爪等伪劣食品的鉴定、认定，统一由当地食药监局处理，然后移交当地司法机关办理。但是其间暴露出鉴定费用、鉴定时间、鉴定标准不统一的问题，对此，山西省公安厅、省高级人民法院、省检察院、省食药监局共同制定出台《山西省办理食品药品涉刑案件物证检验

[①] [美]约翰·W. 斯特龙：《麦考密克论证据》，汤维建等译，中国政法大学出版社，2004年，第573页。
[②] 王进喜：《美国〈联邦证据规则〉（2011年重塑版）条解》，中国法制出版社，2012年，第272页。

鉴定的工作规定（试行）》进行了专门解决①。再如，宁夏在 2015 年出台《涉嫌危害食药安全犯罪案件移送规定》，呼吁要加强食药违法犯罪行为查处过程中行政部门与司法部门的紧密协助关系，其中就包括食药监部门将涉嫌犯罪的违法案件移送至公安侦查机关后，如果公安侦查机关要求对涉案食品、药品等进行检验、认定，需要食药监部门出具相关意见的，食药监部门必须给予必要的协助、及时出具书面的鉴定、认定意见，并且还附带性规定食药监部门不得要求公安侦查部门对此支付费用，确实产生巨额费用的，由食药监部门内财务机构研究解决②。除此之外，值得注意的是，2016 年国家食品药品监督管理总局专门发布了《食品检验工作规范》，目的即在于对全国的食药违法犯罪案件中需要鉴定、认定事项的工作进行统一化规定。就目前而言，在食药违法犯罪领域，由食药监部门出具鉴定、认定意见并作为刑事证据使用，属于得到明文化承认的制度性安排。前文已指出，有学者认为行政机关出具行政认定的程序性保障不及刑事诉讼收集书证、鉴定意见的过程，但事实上，在《食品检验工作规范》出台之后，食药监部门出具的鉴定意见，在程序的严格性上已与司法鉴定没有区别。毋宁说，行政鉴定、认定已经成为司法鉴定的补充形态，而且属合法的形态。

据此而言，行政认定作为刑事证据使用，不仅符合《刑事诉讼法》第 54 条第 2 款的规范目的，也能够增进该款作为证据规定的内在价值，既弥补司法鉴定局限，又符合当前证据实践，与既有制度也相匹配和协调。尽管当前学界有不少学者否定行政认定的证据能力，但是这些批判可能是把对行政执法证据的刑事证据能力的批判，迁移到了对行政认定的批判，即没有对行政执法证据与行政认定进行合理的区分。而且，即使是行政执法证据，目前学界看法也是只要经过恰当的转化程序，经过证据审查并得到质证、认证，就可以作为证据使用。在程序性保障、中立性特征、客观性特征方面，行政执法证据还远不如行政认定，其都能作为证据使用，并且为《刑事诉讼法》第 54 条第 2 款所明文规定，根据当然解释的推论，那么行政认定也就具有证据能力。同样的道理，在《刑事诉讼法》第 54 条第 2 款没有明确排除行政认定的情况下，将其扩大解释在《刑事诉讼法》第 54 条第 2 款的规范含义内也是具有合理性的。因为，语言的发展是具有趋势性的，一个法律条文的含义也是具有趋势性的，

---

① 《山西打击食品犯罪抓获 5775 人 毒豆芽等"现形"》，http://www.chinanews.com/fz/2014/01-23/5773402.shtml。

② 《宁夏出台涉嫌危害食药安全犯罪案件移送规定》，《中国食品安全报》，2015 年 1 月 24 日，第 A2 版。

尽管《刑事诉讼法》第 54 条第 2 款没有明确列举行政鉴定认定，但这是出于法律条文精简性的考虑，如果集合 2021 年《刑诉法解释》第 100、第 101 条的规定就可以明白，《刑事诉讼法》第 54 条第 2 款的趋势性含义也包括了行政认定。

第二节　行政认定的证据种类

一、证据种类制度的反思

裴苍龄先生曾言："证据学的基本问题有三个：一为证据是什么？二为证据有哪些属性？三为证据有几种？此三者，可称之为证据学的 A、B、C。要建立证据学，必须首先解决这三个问题。这三个问题中，任何一个问题解决不好，或者含混不清，或者认识有误，都不可能建立起真正科学的证据学。可见，解决好证据的种类问题，对于建立真正科学的证据学至关重要。"[①] 裴先生的这句话可谓中国证据法理论的"定海神针"。时至今日，尽管大陆法系、英美法系的国外证据理论潮流不断地涌入理论界，但中国的证据法理论始终以裴先生所述三个基石问题展开。

霍姆斯曾言"法律的生命不在于逻辑而在于经验"。霍姆斯提出这一"经典诫命"在于提示法学家们不能纯粹根据逻辑建构法学理论，而应当"向外关注"经验事实的动态发展。因为，建立在纯粹逻辑上的法学理论是封闭、单一的，这与法学理论家追求的周延、多元目的互为矛盾。尽管古往今来有不少法学理论家对自己的逻辑理性能力有足够自信，认为自己的法律理论是周密的，是自给自足的，既能够完整描述司法规律，也能够应对不断发生的司法难题。但立法者、司法者的实际举动总会让这些法学理论家感到挫败。人类法律文明史的发展历程告知我们"霍姆斯诫命"是正确的。概念法学被利益法学击溃、利益法学又被目的法学取代的事实，可谓其一大注脚。以今日人类的法学知识现状来看，一种法学学说之所以成为通说或者至少是有力说，必定不是建立在纯粹逻辑理性之上的，而一定是具有十足的经验基础。逻辑理性的欠缺，或许

[①] 裴苍龄：《再论证据的种类》，《中国刑事法杂志》，2009 年第 11 期，第 49 页。

是一种理论学说被人驳斥的理由，但绝不是关键且唯一的理由。这也是为什么我国一些传统法学理论，如犯罪论之四要件理论、刑事证明之印证理论，不断遭受德日、英美理论知识背景学者的批判，但这些理论的实践生命力却又是如此顽强，使得那些标榜"理性""精美"的"洋派理论"与我国司法实务总是存在着令双方都感到困惑的距离。恐怕这其中有一个重要理由就是"本土理论"不一定逻辑缜密，却最符合中国司法经验。

这一点对证据理论而言也概莫能外。裴先生提出的三个基本问题中，"证据有几种"的问题其实尤具理论意义与实践意义。证据是什么、证据有哪些属性是非常重要的两个基础性、前提性问题，但这两个问题最终要落脚于"证据有几种"。因为无论哪一个国家的刑事审判活动，只要以证据裁判为基本原则，证据的出示、认定就都是审判活动的中心。在这一过程中，与其说法官会考虑证据概念、证据属性，不如说法官更关注的是有哪几种证据。因而，在刑事审判中，证据种类的实践意义大于证据概念、证据属性问题。另外，证据种类也是一个极具理论性的话题。证据种类分为法定分类与理论分类。学界对前者的研究多表现为针对一种证据的司法适用进行探讨，而对后者的研究则偏重于借鉴国外理论展开比较法研究。

根据学者研究，当今证据种类在制度样态上表现出三种模式：其一，开放型证据模式，这以英、美等国家为代表。英、美等国家采取判例法制度，以个案的实际操作为导向，一方面没有在立法上对证据概念予以定义，更不会列举证据的种类；另一方面证据种类多由司法判例形成，但又不局限于已有的证据种类，而是随时处于可更新、可扩张的状态。其二，半封闭型证据模式，这以法、德、日等国家为代表。由于法、德、日等国家采取成文法制度，在成文的刑事诉讼法中会对证据的概念作出规定，也会适当地规定证据种类，但同时奉行自由心证原则，所以在实际操作中也不会限制。其三，闭合型证据模式，这以苏联为代表。其表现为以立法的方式规定证据概念，明确列举证据的种类，限制证据的表现形式，使得进入刑事诉讼的证据种类形成闭合型的外观[1]。

在笔者看来，这三种分类存在商榷和改进之处。开放式证据模式与半封闭型证据模式其实没有太大差异，两者唯一区别仅仅是判例法和成文法的区别，但两者的共通之处是异常明显的：其一，两者都不重视证据种类的划分，而更加重视证据审查规则。虽然半封闭型证据模式也会规定一些证据种类，如德国

---

[1] 雷建昌：《论我国刑事证据分类模式的缺陷及其完善》，《法律科学（西北政法学院学报）》，2004年第3期，第83~84页。

刑事诉讼法第六章规定了"证人"、第七章规定了"鉴定人、勘验"，形式上看这是对证据种类的专门规定，但实质来看，这些规定其实是对证人取证、鉴定、勘验作出的程序性规定。换言之，这些规定本质上仍然是对证据审查规则作出的规定，根本目的是对这两种证据的刑事准入性作出的规定。而除此之外，德国刑事诉讼法规定，只要是有利于查明案件事实的材料，能够被认定具备证据能力，就可以作为刑事诉讼中的证据加以使用[①]。其二，两者在证据审查规则上其实存在着趋同性发展。一方面，就证据属性而言，大陆法系是以证据能力、证明力两个基本概念建构理论体系，而英美法系是以关联性、可采性为证据理论的两大基础概念，两者的话语体系虽有不同，但证据审查制度立体结构其实是一致的。吴洪淇指出，"两大法系在证据审查制度上形成了相似的制度结构"，即是"在横向上，形成了证据准入与证据评估适度分离的基本格局"[②]。就证据准入的层面而言，大陆法系是"前置型模式"，即在事前对证据调查、收集行为进行规制；英美法系是"后置型模式"，即在庭审过程中适用非法证据排除规制。两者"一前一后"但并不矛盾，因为两种证据制度运行逻辑的根本目的都在于保障证据"刑事程序准入性"。另一方面，两者在一些具体的证据操作规则上存在彼此借鉴的现象。人们一般认为英美法系的刑事诉讼是当事人主义，但近年来英美两国在证据规则上出现了一些变化，也带有职权主义特征，例如，以往英美两国采取"传闻证据排除规则"，目前这一规则也并非绝对化，而是在满足一定条件下，法官可主动审查传闻证据的关联性、可采性，使之成为证据进入刑事诉讼中。大陆法系一些国家近年来也正在积极吸纳、转化英美法系的一些证据规则，并适应职权主义刑事审判模式做出相应的调整[③]。

此意义上，没必要将英美法系、大陆法系的证据立法模式决然地分立开来，将大陆法系的证据立法制度描述为半封闭型其实并无必要，因为其与英美法系在证据制度运用逻辑上都是以证据规则的实质运用展开的。据此而言，证据制度立法模式，仅有两种划分：开放式证据模式和闭合型证据模式。

学界公认，我国刑事诉讼法规定证据种类是受苏联法律影响的结果，所以我国的证据立法模式应当归入"闭合型模式"。但从当前学界的主流倾向来看，我国学者对闭合型模式一般是持否定态度。

---

① 何家弘、张卫平：《外国证据法选译（上卷）》，人民法院出版社，2000年，第436页。
② 吴洪淇：《证据法的理论面孔》，法律出版社，2018年，第44页。
③ 孙琳：《比较法视野下的刑事证据种类》，《人民检察》，2009年第11期，第44页。

其一，法定证据种类制度不利于吸纳新型证据。雷建昌指出，开放式证据模式存在许多优势，而这些优势就反衬出我国闭合型证据模式的劣势。"就证据形式对新生证据的吸纳能力而言，开放型证据模式具有天然的优势，而封闭型模式除了采取不规范的变通方式外只能望'变'兴叹。"英美法系国家"由于凡是具有相关性的证据都可以进入诉讼"，"大陆法系国家一般原则实际上是所有相关证据均可采纳"，所以在司法效率上也呈现出显著优势。相比之下，"从宏观方面而言，我国封闭型的证据分类模式不利于与案件有关联、能够证明案件事实的所有材料进入诉讼程序，一些证据材料只能以某种不规范的方式被司法人员利用"。在此基础上，雷建昌主张有必要增加具体的证据形式，同时证据种类的"兜底条款"，即凡是与案件有关、能够证明案件事实的材料都可以作为证据加以使用[1]。

其二，法定证据种类制度不符合证据法的规范目的。陈瑞华认为："在法律中明确限定证据的法定形式，其必要性是值得反思的。作为一种旨在规范证据运用活动的法律，证据法的主要使命在于为证据转化为定案根据设定必要的法律条件和准入资格。至于证据的载体和表现形式，一旦受到法律的限制，就有可能扼杀证据制度的弹性和活力，使得大量明明记载着证据事实的载体形式被排除于证据范围之外。"[2]

其三，法定证据种类制度混淆了证据法与证据学。易延友认为，我国刑事诉讼法的证据规定仅仅是一种提示性规范，"它是为了告诉侦查人员、诉讼参与人员这些东西都属于证据，需要收集"。但是，"区分的结果仅仅导致审查判断证据的手段不一样"，而"审查判断证据的方法实际上属于经验法则调整的范围，而非法律所能及者"[3]。换言之，证据法与证据学是两码事，确立审查判断证据的方法是证据学的目的，如果是为了达成这一目的，或许在证据学的层面对证据进行一定的划分，但证据法的目的不在于确立审查判断证据的方法，而是为了规制司法人员收集、采纳证据的行为，若是为了达成这一目的，证据法就不必要对证据做出划分。

其四，法定证据种类制度是我国证据法制度不发达的表现。孙远认为，"法定证据种类"这一概念术语本身应当被否定。"将法定证据种类作为证据法的理论和规则体系之基础，这本身就是一个巨大的误解；它是我国在法制建设

---

[1] 雷建昌：《论我国刑事证据分类模式的缺陷及其完善》，《法律科学（西北政法学院学报）》，2004年第3期，第84页。
[2] 陈瑞华：《刑事证据法（第三版）》，北京大学出版社，2018年，第249页。
[3] 易延友：《证据法学：原则 规则 案例》，法律出版社，2017年，第17~18页。

之初，对证据法和程序法的基本原理尚未充分把握的情况下作出的选择。时至今日，这种从证据种类出发的思维模式，已经极大地束缚了我国证据法和程序法学理论以及制度建设的进一步发展，法定证据种类是一个应当尽快抛弃的概念"①。

苏联时期学者蒂里切夫有这样论述：苏联法律之所以以证据种类清单的形式规定证据，目的在于不能根据侦查机关、检察长和法院的裁夺加以扩大。换言之，将证据种类予以限定之后，国家的审判权权力也就相应地受到限制。因为"对案件有意义的事实材料，如果不是从法定证据来源中取得的，它就不符合证据相关的要求，从而也就不能取得证据上的意义"②。从蒂氏的这一论述来看，法定证据种类制度的良好用意在于从证据准入的角度控制国家机关的追诉权、审判权，是有利于保障人权的。在本书看来，尽管法定证据种类制度遭遇了诸多批判，但仍有其相对合理之处。

第一，法定证据制度的合理性根植于我国独特的社会政治条件与历史背景。中国40多年来在高速的经济发展过程中，各项制度也面临着急速转型。这种转型主要来自西方理论话语的不断涌入，造成了对现有制度合理性的冲击。我国学界当前对法定证据种类制度的批判，也多是以国外的证据制度为参照，并且以国外证据理论为理据进行的批判。其中许多意见是值得倾听的，也为我们的刑事证据制度朝着合理化改革提供了难能可贵的智识基础。但是，证据制度、证据理论最终要服务于本国的司法实践，超出这一范畴的理论主张都不会具有生命力。如果我们以刑法理论为参照就可以体会这一点。众所周知，我们的刑法理论移植于苏联的四要件理论，最近十几年来刑法学界进行了转型，最大特征就是采用了德国、日本的三阶层理论体系。当时有学者认为这种理论转型仅仅是出于学者个人目的，不是出于推动中国的司法现状，所以并不看好三阶层理论③。但事实上，三阶层理论还是在中国扎下根来，并得到了充分的发展。如果做一外部考察，一般人会以为这是刑法学者之间的"私斗"才导致刑法理论转型。但事实上，德日刑法理论在中国扎下根来的根本原因在于，主张德日刑法理论的学者有强烈的本土问题意识和理论自觉，将德日刑法理论进行了本土化的改造，而且一直以解决司法实务问题为目的指向④。德日

---

① 孙远：《论法定证据种类概念之无价值》，《当代法学》，2014年第2期，第99页。
② ［苏］蒂里切夫：《苏维埃刑事诉讼》，张仲麟等译，法律出版社，1984年，第157页。
③ 高铭暄：《对主张以三阶层犯罪成立体系取代我国通行犯罪构成理论者的回应》，载赵秉志：《刑法论丛》（集刊），法律出版社，2009年，第11页。
④ 周光权：《论中国刑法教义学研究自主性的提升》，《政治与法律》，2019年第8期，第80页。

刑法理论学者特别强调解释论的方法和立场，不轻易批判现行立法，而是主张通过解释的方法解决因立法引起的一些问题。

同样的道理，我们的证据理论无论怎么改造，借鉴何种理论体系提供理论工具，也应当立足于本国的立法和司法实践，才可能实现真正的成功转型。在这一意义上，我国刑事诉讼法虽然在立法形式上采取了法定证据种类分类方法，但是只要采取解释论的基本立场，就不应轻易对之持否定性的批判态度。如学者所说，法定证据种类制度"从某种意义上说，这是在我国政法体制制约之下刑事证据制度发展的一种必然，不能简单用好坏来做评价。但我们可以从比较的视野，对我国刑事证据制度改革的这种独特模式的优缺点做一个初步的评估，以便在未来的制度变革中能够进一步地改进"[①]。即是说，国外的理论资源可以作为证据法解释的基础，但不是用来推翻现有法定种类证据制度的。《刑事诉讼法》第50条对证据及其种类的规定，是用来解释的对象，不是用来批判的对象。

第二，法定证据种类制度的生长逻辑体现为"问题→回应"，其具有强烈的本土问题意识，是中国司法经验的总结，符合我国证据制度的发展趋势。我国刑事证据规范经历了从无到有、逐步完善的生长过程。"这样一个成长历程还使我国的刑事证据法体系从其诞生之初就具有很强的问题意识，因为其产生的最初动力便是解决问题，因此，许多刑事证据规范最初都是对一线刑事司法实践经验的一种总结，其针对的对象是司法实践中亟待解决的事实认定问题"[②]。回应司法需求发展证据规范体系是世界各国普遍的经验准则，例如，英美法系中较为核心的证据规则如品格规则、证据补强规则和传闻证据排除法则，是在18世纪由伦敦中央刑事法院法官在审判实践中逐步总结而形成的。这些经典的现代证据法则是对法官的审判实践经验进行的理论性提炼的结果[③]。我国证据法则虽然不是由法官创制，却也是在众多审判实践中不断总结，然后由立法者加以确认的。这体现为两种方式：一种方式是地方性证据立法经验得到立法者确认。例如，就证据审查规则而言，早期刑事诉讼法规定得比较粗疏，而相应的配套司法解释也没有及时跟进，很长一段时间出现法律规定缺位的现象。在这种情形下，地方司法工作者在审判业务中总结出一些证据审查经验，然后以"试行规定"的方式予以颁布试行。试行效果比较好的，在

[①] 吴洪淇：《证据法的理论面孔》，法律出版社，2018年，第33页。
[②] 吴洪淇：《证据法的理论面孔》，法律出版社，2018年，第34页。
[③] 兰博约：《对抗式刑事审判的起源》，王志强译，复旦大学出版社，2010年，第181页。

每年的立法活动中被作为提案予以提交，最后通过立法程序以司法解释的方式推广至全国适用。另一种方式是重大冤假错案推动立法者的证据立法。例如，佘某林案和杜某武案被称为中国刑事司法史的标志性事件，两案爆出之后，先是引起最高司法机关的重视，然后推动了《非法证据排除规定》和《办理死刑案件证据规定》的出台。这使得中国的证据规范体系向前迈了一大步。两种方式的共通特征都在于，既有证据规范立法存在一定疏漏，这使得实务操作中产生各种问题，相应地产生了解决问题的需求，立法者确定问题解决的必要性之后通过立法方式加以解决。

这种处理方式也反映在法定证据种类制度的架构上。由于该制度移植于苏联的立法经验，带有明显的历史痕迹，但是在中国的司法实践中该制度已经被解构，成为独特的中国式证据规定。一方面，《刑事诉讼法》历次修改对证据种类的增加是十分有限的，至今《刑事诉讼法》第50条只规定了八种证据种类，这表明法定证据种类制度具有独特的司法意义，证据种类是不能被废除的，而且也不得轻易扩张的。而且，《刑事诉讼法》第50条第1条又做了开放式规定，即只要是可用于证明案件事实的材料，都可以作为证据使用。这意味着八种证据种类是一种具有指引性的立法划分，是面向证据收集、审查、认证的程序性重要指引。但是对于证据材料，表现形式本身，其实并无特别限定。另一方面，实践当中产生的新型证据需求，其实不是对法定证据种类的扩大需求，而是对新型证据材料进入刑事诉讼的需求。对新型证据材料归入何种法定证据种类是重要的问题，但不是关键的问题，毋宁说如何规制审查证据材料收集的程序，以及庭审过程中的质证、认证程序，才是证据裁判的核心。也源于此，当司法实践产生了运用行政认定证明犯罪事实的需求之后，立法者可以通过刑事法解释的方式予以确认和解决，完善对应的证据审查规则和庭审调查程序，从微观技术上优化证据审查方法，而无须动辄则修改整个证据种类制度。

第三，我国法定证据种类制度下的证据审查制度，与国外的证据审查制度基本逻辑一致，并不矛盾。自法定证据制度退出历史舞台之后，现代刑事证据审查制度，无论是大陆法系还是英美法系，都建构了"证据准入—证据评价"二阶层的证据审查制度。即是说，在刑事诉讼过程中，首先需要判断什么是证据，其次需要判断这种证据有多大的证明力，前者是有无性的判断，后者是程度性的判断。二阶层的证据审查制度使得刑事诉讼中的证据审查活动具有制度性、整体有序性和规范性，能够在最大程度上控制不当证明风险，同时有效率地展开证明活动。而在制度架构上，二阶层的证据审查在大陆法系和英美法系有各自具体的表现形式。如果撇开诉讼构造的差异，这种不同集中表现在理论范畴的差异。众所周知,在大陆法系国家,二阶层证据审查体现为"证据能力—证明力"。证据能力的判断是通过实体性的法定证据方法以及程序性的证据调查程序的审查并合实现的。而证明力的判断则是由法官综合全案证据,判断各个证据对其形成内心确信起到的作用大小。这具有个案差异性,例如,在这个案件中书证证据方法的证明力很大,但是在另一个案件中书证证据方法的证明力却要小一些,法官对不同证据方法的证明力评价,是相对自由的。在英美法系,证据审查的核心对象是证据的相关性、可采性以及分量,相关性和可采性存在一定的制约关系、阶层关系,但整体上英美法系的相关性和可采性大体对应大陆法系的证据能力。虽然理论界一般认为英美法系没有关于证据能力评价的规则体系,而且对于证据分量的评价,取决于事实评价者即陪审团,但事实上,在法律审与事实审分立的陪审团制度下,如果一个证据没有相关性、可采性,就不可能进入陪审团的评价程序,逻辑顺序上,只有在前者得出肯定结论之后,才可能进行后者的步骤。只能说,英美法系对证据力的评价比大陆法系更为自由。总体上,英美法系也是采取了二阶层的证据审查制度。

两大法系二阶层式的证据审查制度的第一层次之证据资格判断是比较严格的,而对第二层次的证据评价是相对自由的。这在根本上符合认识论原理,也符合刑事诉讼的根本价值。因为如果在第一阶段不审查何种材料就能够进入刑事诉讼,会使得刑事诉讼的证明活动没有什么门槛,所有材料将以一种无章法、无规矩的方式进入刑事诉讼,将给诉讼活动带来严重的拖累,严重阻碍诉讼效率。因此必须加以严格审查。但是对于证据材料的证明力度、证明分量加以限制的话,这将严重违背人们的一般认识规律。因为同一种犯罪的案件事实存在各种不同的样态,事先规定证据力度,不仅非属形式公正,在实质公正上也是难以实现的,所以必须交由自由证明的方法。

与之对应,我国采取法定证据种类制度,在证据审查的构造上,根本上也可归属为这种阶层式的审查构造。《刑事诉讼法》将证据划分为八种类型,其实是从形式上对证据能力进行了限制,毋庸讳言,这种证据能力的限制比英美法系、大陆法系更加严格。因为,《刑事诉讼法》第 50 条第一款对证据进行了实质性的定义,即"可以用于证明案件事实的材料",但第二款又对证据进行了形式性的限定,即不能被归入八种证据种类的,也不得作为证据,并且第三款是对证据做的程序性规定,即在具备前面两点基础上,还必须经过庭审调查、查证,才能最终作为证据使用。但是,在对证据资格做规定之后,《刑事诉讼法》没有对证明力做出限定,一个具有证据资格的材料具有多大的证明力,取决于庭审中法官的自由心证。所以,从根本而言,我国的证据审查制度与英美、大陆法系殊途同归。唯一区别在于,我国《刑事诉讼法》对证据能力的标准设置得更为严格。

第四,证据种类制度贯穿侦、诉、审三阶段,对三个阶段的证据审查工作做出了有效指引。在我国案多人少的现实下,法定证据种类制度对提升整个刑事司法程序的效率起到了极大作用。不同于国外主要是在庭审过程中完成证据资格审查工作,我国刑事司法过程的侦查阶段,就要对证据资格进行审查,证据种类制度在一定程度上保障了证据收集程序的合法性、效率性。因为,一方面,侦查机关收集的证据材料必须符合八种证据形式,不能被归入这八种证据形式的材料不得计入在内;另一方面,侦查机关可以有针对性地收集证据材料,基于实践经验的整理,侦查人员可以快速地确定证据收集的目标,并展开证据活动,而不是处于一种盲目、无序的状态,这在最大程度上满足了实践需求。在起诉和审判阶段也是如此,几乎每一个阶段都需要在证据种类制度的指引下完成相应工作。例如,在庭前证据审查过程中,法官阅卷之后需要组织控辩双方进行证据展示和整理,由此归纳争议点。而如何整理,整理哪些内容,也必须是有章可循、有法可依的。有学者认为,证据种类就是庭前证据整理的重要对象。"根据我国独有的'证据种类合法性'理论,唯有上述八种证据,才是合法的证据,故实务中所有的证据材料,都必须归入八种证据种类之列,方可作为合法的证据在庭审中出示。而不在八种种类之列的证据材料,则不得作为呈堂证据出示,更不得作为定案根据。基于此,法官在庭前会议中对证据进行整理,首先关注的问题就是证据的准确归类,即能否以及如何将在案证据分别归入八种法定证据种类之列。"[1] 再如,在庭审过程中,法官如何调查证据,八种证据种类对应的是不同的方法,如对书证进行宣读,对证人证言则分情形宣读出示或者是要求证人出庭。证据种类制度使得庭审过程中的证据调查方法更加有章法可循。

总结而言,尽管法定证据种类制度存在一定的缺陷,但这些缺陷并非足以否定法定证据种类制度本身。法定证据种类制度与国外的证据规则并不矛盾,而且具有较大的实务操作价值。在这种证据法则指引下,接下来要解决的问题便是,如何在理论上确定行政认定这种证据材料的种类归属。

---

[1] 万毅:《论庭前证据调查准备》,《东方法学》,2021年第1期,第170页。

二、行政认定证据种类的定位

前文已经指出，对于行政认定的证据种类归属，理论上曾围绕交通事故责任认定书展开过争论，大体上有书证说[1]、鉴定意见说[2]两种代表性观点。虽然也有部分学者认为行政认定应当是勘验笔录或者证人证言，但这两种观点要么针对的不是典型的行政认定，要么混淆了典型的勘验笔录、证人证言材料与行政认定之间的区分，因而并不妥当，在理论界没有得到足够的重视。而就实践反映情况来看，以药监部门作出的说明函、答复、认定意见为考察样本的话，可以发现大多数判决书将此类行政认定列为鉴定意见，少部分将其归入书证[3]。

在笔者看来，书证说与鉴定意见说未必是完全对立的。例如，陈瑞华教授认为："这类'认定函'应被归入广义的'书面证言'的范围……只不过，由于这类认定函是由中国证监会加盖公章的书面材料，没有自然人的签名或者盖章，法院没有将其视为书面证言罢了。"[4] 也有学者对此表示肯定，并进一步指出，诸如药监部门出具的假劣药行政认定是广义的由专家作出的书面证言，但需要注意的是，"这一类认定意见非书证、非鉴定意见证据类型，实质上是一种人的思想或认识的表达。对比刑事证据的八种法定类型，最接近的应该是证人证言。但不同于一般意义的证人证言，是药品监管人员受药品监管部门指派，运用专业知识、经验，对涉案药品属性作出的书面专业判断，并以国家行政机关的公权力作为担保，依一般的证据规则，在证据效力上具有优于其他书证、鉴定意见的效力，因此可归入广义的书面证言"[5]。不难看出，论者所说的书证说，是从广义上而言的"书面证言"，但根本上还是把行政认定作为一种人的证明方法。

---

[1] 管满泉：《论交通事故认定书的证据属性》，《中国人民公安大学学报（社会科学版）》，2008年第6期，第76页。

[2] 薛晓蔚：《鉴定意见的一种新类型——行政认定意见》，《太原师范学院学报（社会科学版）》，2013年第5期，第40页。

[3] 林振顺：《试论假劣药品行政认定意见的法律性质》，《中国医药报》，2019年5月21日，第003版。

[4] 陈瑞华：《行政不法事实与犯罪事实的层次性理论 兼论行政不法行为向犯罪转化的事实认定问题》，《中外法学》，2019年第1期，第82页。

[5] 林振顺：《试论假劣药品行政认定意见的法律性质》，《中国医药报》，2019年5月21日，第003版。

可以认为，书证说看重的是行政认定的事实特征，而鉴定意见说则看重的是行政认定的规范特征。换言之，行政认定最终都是以文书材料的方式进入刑事诉讼，而且是通过行政认定文书记载的内容发挥证明方法的作用。但是，行政认定的生成过程与实质内涵却与鉴定意见更为类似。因为，一方面，无论是事实性行政认定还是规范性行政认定，都表现为依据一定程序由特定的主体在事前或者事后对待证事实进行鉴定或者作出法律评价，特别是就事实性行政认定而言，其生成过程几乎与鉴定意见一致，仅仅是作出主体的区别（即行政机关与鉴定机构的区别）。另一方面，行政认定的内容是由行政机关工作人员作出的认定，在人证、物证、书证三种基础证明方法里面，行政认定应当属于人证，而不是书证。所以，即便是交通事故责任认定书的适用场合，如果控辩双方对交通事故认定书的合法性、合理性产生怀疑，可以要求责任认定书作出人出庭接受询问，而书证的场合则不存在这样的问题。书证说更关注行政认定的物理表现形式，但因为没有对行政认定的规范特征给予足够重视，使得该种观点也并非妥当。

对证据材料进行种类归属，形式上的意义在于明确其证据资格，但更为实质的意义在于确定其调查、审查方法。尽管行政认定的物理形式表现为书证材料，但归根到底行政认定是人的证明方法，应当采取人证的调查、审查方法。参照2021年《刑诉法解释》第100条、第101条的相关规定，笔者认为，将行政认定形成的材料归入鉴定意见审查更为妥当。

2021年《刑诉法解释》第100条、第101条规定司法鉴定机构以外的鉴定性、专门性报告以及有关部门对事故进行调查形成的报告可以作为证据使用，前文已经指出这是对行政认定的间接性承认。值得注意的是，第100条、第101条的体系地位是"第五节鉴定意见的审查与认定"。该节第97条、第98条、第99条均是关于典型的鉴定意见的调查、审查方法程序性规定，第100条、第101条"附属性"地规定行政认定的证据资格，意在表明，行政认定一方面与典型的鉴定意见存在不同，是一种特殊的鉴定意见，需要单独对其证据资格予以承认；另一方面，行政认定的审查、认定方法也需要参照鉴定意见的审查方法。这可以根据刑法上的法条关系理论来加以说明。

众所周知，刑法上存在特别关系与一般关系的法条关系理论。一般法条的构成要件内涵比特别法条关系更为简单，但是在涵摄范围上一般法条要比特别法条更为广泛，如侵占罪与职务侵占罪的关系[①]。法条关系的意义在于，一个

---

① 张明楷：《刑法学》，法律出版社，2016年，第467页。

事实如果符合特别法条的构成特征，那么也必然符合一般法条的构成特征，特别法条的构成要素必须包括一般法条的所有要素。就法律后果而言，特别法条也必须适用一般法条的后果，或者说两者具有一致性。刑法既属于行为规范也属裁判规范，当刑法作为裁判规范时，就意味着刑法是指引、约束司法者的行为规范。法条关系理论的意义即在于对司法者解释、适用刑法法条作出指引。同样的道理，刑诉法规范或者证据法则，其实就是一种裁判规范。刑法上的法条关系理论也完全可以适用在刑诉法上。即是说，刑事诉讼法规范中存在特别法条与一般法条的关系，一方面人们要注意刑诉法规范中是否存在一个一般法条，然后要注意某个法条是否为这个一般法条的特别法条；另一方面，如果前面一点得到确证的话，就应当注意特别法条的构成特征必须完全包含一般法条的所有构成特征，而且在法律后果上，即司法人员的工作指引上，特别法条的法律后果包括一般法条的法律后果。如果特别法条没有明确规定法律后果，那么对特别法条就可以适用一般法条的后果。

这样来考察的话，《刑诉法解释》第 100 条、第 101 条有两方面的特殊含义。一方面，该条规定的是一种特殊的鉴定意见，所以《刑诉法解释》将其规定在"第五节鉴定意见的审查与认定"。那么其相对于《刑事诉讼法》第 50 条鉴定意见的规定而言，就是一种特别法条。特别法条具有一般法条的全部构成特征，第 100 条、第 101 条指称的专门报告、调查报告也就具有鉴定意见的全部特征，所以应当在证据归属上归为鉴定意见。另一方面，《刑诉法解释》将专门报告、调查报告规定在第五节，即意味着对专门报告、调查报告的审查认定，应当按照一般鉴定意见进行。从体系解释的角度来说，这其实是将鉴定意见的"法律后果"适用于专门报告、调查报告。在这一意义上，专门报告、调查报告也只能归属为鉴定意见。

综上所述，行政认定和鉴定意见在外观和特点上虽然不完全一致，但在法定证据种类制度下，将行政认定归入鉴定意见这一证据种类基本是妥当的。下文将参照鉴定意见的证据审查方法，并结合行政认定的具体特点，构建具有一定针对性和实务指导性的证据能力以及证明力审查规则。

第三节 行政认定证据能力的审查规则

在明确行政认定应当归属于鉴定意见之后，行政认定并非天然地就具备鉴定意见的实质性证据资格。行政机关出具的专门报告、调查报告在庭审调查、查证属实之前,仅仅是"证据材料"。行政认定如果未经法庭查证属实,则不具有证据的基本属性,不得作为证据使用,与鉴定意见也没有任何关系。行政认定在总体上应当归入鉴定意见,这是从结论上而言的,但是行政认定最终能不能作为鉴定意见,需要参照鉴定意见的审查步骤进行。只不过行政认定毕竟是一种特殊的鉴定意见,二者从形式和特点上仍存在一些差异,因此在审查步骤与具体规则上也应该有所不同。具体操作方法上,一般可以比照鉴定意见审查方式进行,但也要结合行政认定自身的特殊性予以个别性、实质性的判断。

有学者认为,"根据鉴定意见证明力的特点,我们既要看到鉴定意见是具有专门知识的人提供的一种科学的判断,具有较强的证明力和可信性,也要看到鉴定意见存在的虚假性"[1]。所以对鉴定意见的审查主要集中在其"可采性"与"可信性"两个方面[2]。前者是指鉴定意见必须具有关联性或合法性,这需要着重审查鉴定意见是否符合鉴定规则;后者是指鉴定意见必须具有真实性、可靠性,这需要着重审查鉴定意见的形成过程是否没有受到过多的外界干扰,能够真正表现为"专业人员运用科学知识作出的可靠判断"。《刑诉法解释》第97条规定了鉴定意见的着重审查的十项内容,第98条、第99条分别规定了鉴定意见不得作为定案根据的表现情形。如果采取较为粗略的规整方法,可以认为《刑诉法解释》的这三条规定强调的是,鉴定意见必须具有真实性,这种真实性是建立在鉴定能力、鉴定程序、鉴定材料及其他关联性要件的充足前提下。换言之,鉴定意见证据资格的核心在于其真实性,不具有真实性的鉴定材料,不得具有证据资格,而这种真实性的判断需要建立在对鉴定主体是否具有鉴定能力、鉴定材料是否"无污染"、鉴定程序是否合法合规,以及其他形式性要件的基础上。同样的道理,对行政认定是否具有证据资格的判断,也可以比照这几个要件,特别是应当比照《刑诉法解释》对鉴定意见的审查、认定方法的规定。需要注意的是,鉴定意见审查规则的目的在于确保鉴定意见具有"真实性",但行政认定当中不仅有事实性行政认定也即狭义的行政鉴定,还有规范性行政认定,即包含行政机关作出责任划分或者法律适用结论等价值性评价内容的认定,所以审查行政认定的重心不在于其真实性,而应当在于其"可靠性",这决定了虽然可以比照鉴定意见审查方法审查行政认定,但是具体操作方法上又有一定的差异性甚至是异质性。以下将围绕这几个方面论述行政认

---

[1] 樊崇义:《刑事诉讼法》,法律出版社,2020年,第249页。
[2] 戴泽军:《审查判断证据》,中国人民公安大学,2010年,第315页。

定证据能力的审查要件。

一、主体适格

行政认定作出机关必须是有"认定能力"的行政主管机关。司法鉴定的作出主体是由司法行政部门登记的鉴定主体,因此就司法鉴定而言,是否有鉴定能力,只需要核实是否为登记在册的鉴定机构即可。对于行政认定而言,则没有这方面的制度规定,所以是否有认定能力就不能进行形式性的法律资格判断,而是需要进行实质性的"能力判断"。一方面,行政机关具有部门化、专业性特征,不同行政部门各有其职,相应地,不同行政部门在各自职责范围内经受长期业务锻炼形成的判断能力也有不同。从一般经验而言,行政机关工作人员"跨部门"进行认定具有较低的可靠性,专业行政机关工作人员进行的专门认定具有更高的可靠性。同时,由于行政机关具有行政级别性,高级的行政部门所作认定的可靠性,在一般经验上要比低一级行政部门所作认定的可靠性更高。因此,在判断行政认定的"认定能力"时,部门分工以及行政级别是需要考虑的重要因素。事实上,有一些法律法规也对此有明确规定,只不过并非刻意强调。例如,对于乙类传染病的认定,已有类型的根据法律法规予以确定,新型类型需要增列进乙类传染病种类的,根据我国《传染病防治法》规定,由国务院卫生行政部门根据传染病暴发、流行情况和危害程度,决定增加、减少或者调整乙类、丙类传染病病种并予以公布。再如,《烟草专卖行政处罚程序规定》对于伪劣烟草的鉴定,必须由省以上质检部门认定的烟草质检部门进行鉴定。这不仅对行政部门的专业进行了限定,还对行政级别、指定组织程序进行了限定。另一方面,除了对行政部门、级别有限定,对具体从事行政认定人员的工作能力、工作条件也必须进行一定的考察。虽然行政认定不是司法鉴定,但是法律法规对司法鉴定资格的相关资质要求,可以转用于行政认定主体的能力判断。例如,对工作人员的学历、工作年限、知识背景,以及该工作人员所在单位客观上是否具有鉴定、认定的设备条件等进行综合考察。所以,一般而言,如果行政认定作出部门本身没有管辖权,以往也没有从事认定工作的经验,或者是具体操作人员的经历、能力乃至所在单位并无此物理设备条件进行的认定的,原则上就可以判断此种行政认定因不具备证据能力适格条件而排除其证据资格。

二、具有关联性

我国证据法理论通说认为，证据材料必须具有关联性或者相关性才具有证据资格，这也是英美法系证据理论所讲的证据必须是针对要素性事实的证明方法。本书已经论证得出，行政认定适用的对象大多体现在行政犯，行政认定要证明的要素性事实是作为犯罪事实的行政违法要素或者行政性要素。这些要素有两种情形：一种是直接作为犯罪构成要件要素，如刑法规定有些犯罪以受过行政处罚为成立犯罪或者从重、加重刑罚的前提；另一种情形是直接作为法益侵害事实存在的要素，因为行政犯罪终归是侵害法益的犯罪。行政违法事实或行政性要素，都应当是反映侵害法益的要素。例如，刑法中规定有些犯罪的行为对象原本是规定在行政法中的概念，而行政法规定这些概念是出于行政法自身的目的，但作为行政犯的构成要素之后则应当是作为保护法益的客体或者载体。因此，行政认定必须是能够证明存在要素性事实，如行政处罚决定书，以及能够作为证明存在侵害法益事实的证据材料。否则，这种行政认定就不具有关联性，不能作为证据使用。实践中，明文规定作为构成要件要素的事实，如受过行政处罚、未经行政许可、受过行政命令等，相应的行政文书是不需要进行特别审查就可以直接认定其具有关联性的，真正存在的问题是用于证明行政违法事实或者行政性要素的证明材料的相关性。例如，《刑法》第213条假冒注册商标罪之"情节严重"的认定，司法解释规定在非法经营数额5万元以上或者违法所得数额3万元以上就可予以认定。显然，非法经营数额与违法所得数额是两种不同性质的数量认定，但都是反映对商标侵犯的刑事违法性、可罚性程度，也即法益侵害程度。如果查明行为人侵犯商标行为的非法经营数额在3万元，违法所得数额在2万元，既不满足非法经营数额标准也不满足违法所得数额标准。这种情况下如果相关部门把违法所得数额计入非法经营数额，或者反过来把非法经营数额计算为违法所得数额，严格来说都是不妥当。理由在于，这种场合相关部门的认定其实是混淆了违法所得数额与非法经营数额的各自性质，其所做鉴定或认定材料没有相关性，故而应当排除其证据资格。再如，1998年12月最高人民法院司法解释规定，经营报纸5000份或者期刊5000本或者图书2000册等的，属于非法经营行为的"情节严重"，构成非法经营罪。实务中对非法经营图书、影像行为的查处，对数额、数量的计算，也是由公安机关或者工商管理部门进行鉴定或者认定。但需要注意的是，该司法解释出台时间是1998年，彼时针对的是实物报刊、图书、影像，对数额、数量的认定与计算是围绕"出版数"展开的。而现在网络高速发展,传媒方式逐渐从"线下走到了线上",很多报刊、影像都进入网络平台进行传播。这种场合如何认定非法经营报纸、期刊或者图书等数量,就应当格外慎重。特别是对于公安机关等行政部执法门出具认定网络版报纸、图书等对象的数量,如果是围绕"出版数"认定的结论,就不宜认为是具有相关性的证据材料,相反,基于网络媒体的特殊性,应当是以"传播数"为中心认定的证据性材料,才可能被认定为具有相关性。

三、具有同一性

与鉴定意见一样,在审查其证据资格需要审查鉴定材料具有同一性,而且鉴定材料来源案件事实,检材必须合格,所作的鉴定意见才具有证据资格。这种要求也适用于行政认定,只不过需要结合行政认定做具体化阐释。

一方面,在以受过行政处罚为入罪或从重、加重处罚条件的场合,行政处罚决定书就是行政认定材料。尽管行政处罚决定书不存在作出主体无"认定能力"的问题,但是实践中存在这样一种现象,即行为人以前受过的行政处罚,与涉嫌的犯罪事实不具有同一性。例如,《刑法》第153条第1款第(一)项规定,一年内受过二次行政处罚又走私的,可以按走私罪处理。在调取行政处罚决定书的时候,应当是调取其实施走私行为受过的行政处罚决定书,而不应当是实施其他违法行为受过行政处罚的决定书。因为这是刑法条文明确规定的,所以一般不会产生歧义。但真正成为问题的是刑法的一些司法解释规定,某些犯罪的从重或加重处罚以受过行政处罚为条件,而司法解释又没有明确限定是何种原因受过的行政处罚就可以作为此种条件,此时司法人员就应当注意,既然受过行政处罚可以作为入罪量刑条件,应当是因为行为人实施了同一违法性质的行为受过行政处罚,然后又实施了此种性质的违法行为而使之构成刑事犯罪。例如,《刑法》第359条引诱、容留、介绍卖淫罪的司法解释规定,受过行政处罚后实施引诱、容留、介绍卖淫的,属于并列的入罪条件之一。实践中有的场合是,行为人先前受过的行政处罚是因为实施了其他违法行为,而不是因为实施了这类犯罪行为,但司法人员依旧调取了先前的行政处罚决定书作为入罪证据。这显然不妥当。

另一方面,在食药安全犯罪的认定过程中,对于涉案食品、药品的认定,首先就需要保障这些材料来源是涉案事实本身。如果是在行政执法过程中发现并且准备移送公安侦查机关审查起诉,要么行政执法部门应当及时作出认定并随案卷材料一同移交给公安侦查机关，要么在案件移送之后，公安侦查人员要对涉案对象进行及时的保存与固定，以防止在要求行政执法部门作出认定时，行政执法部门能够针对没有受过污染的对象进行鉴定或者认定。如果不易保留或者不易固定的，则应当及时采样留存，而且还应当为重复鉴定、认定预备采样。这一点在有关行政法律法规中也有明确规定。例如，《烟草产品鉴别检验管理办法》第 21 条规定，对伪劣烟草的鉴别认定，必须保存需要鉴别认定的样品，保留样品的数量一般应当有 3 个月期限，而且保留样品数量可以满足重复鉴别认定的需要。因此，如果行政认定的认定对象不具有同一性，不是来自案件本身，或者在认定过程中有受过污染的嫌疑，甚至是直接违反了行政法律法规要求的鉴别认定的留样数量，则也可会被直接判别为不具有证据资格。

四、程序正当

实务中有些行政认定的作出程序已被法律明文化，而且有些法律规定的行政认定作出程序的严格性与司法鉴定几乎没有太大差异，其他一些行政认定作出程序虽然没有司法鉴定那么严格，但也需要根据一定法定程序作出。对于法律规定了认定程序的，无论是对象认定还是责任认定，合法性、合规性是重要审查事项。一方面，在这些行政认定是处理其他后续法律纠纷如民事责任、行政责任的根据的场合，合法性、合规性直接决定该行政认定是否有效。另一方面，在行政认定进入刑事诉讼之际，如果行政认定是经过不合法、不合规程序作出的，法官可以直接排除其证据资格。因为在相关行政法律法规明文规定必须依照一定程序作出行政认定的场合，如果不是按照法定程序作出的，则此种行政认定在刑事诉讼意义上可以认为是不合法的一种证据材料，自然就不必讨论其证据资格的问题。而且，不合法、不合格在根本上意味着该行政认定不具有真实性、可靠性。真正成为问题的是，没有法律明文规定行政认定程序的场合，如何审查其合法性、合规性。在笔者看来，一般应当审查该行政机关是否有既往的制作鉴定、认定的经验，如果有的话，则应当以既往经验性的程序规则为合规性的判断准据。如果没有的话，则并非一概应当排除其证据资格，原则上也可以作为证据材料提交，由控辩双方进行质证，如果双方都认可其证据资格的，则具备证据能力，但对该种行政认定的证明力应当予以进一步判断。

五、符合形式要件

就鉴定意见而言，形式性要件包括鉴定内容、鉴定人及委托人、鉴定材料、鉴定依据或手段、鉴定说明、鉴定意见、签名盖章等。也就是说，鉴定意见的书面材料必须包含这些部分的基本内容。从理论上来说，如果欠缺这些形式要件的，鉴定意见不应当具有证据资格，不得作为证据使用。但从实务的操作来看，如果鉴定意见的内容轻微地缺失了部分内容，或者鉴定过程与以往相比有一点抵牾，一般也不会影响其证据资格。理由在于，鉴定意见的程序性违法或者程序性不适格一般不会严重损害到当事人的合法权益，这不同于证人证言或者被告人供述与辩解的收集、固定过程。因此，对鉴定意见形式性要件的审查力度相对而言并不那么强。同理，行政认定的书面材料一般也应当具备一定的形式性要件，行政认定书面材料的内容也应当包括作出主体、作出理由、作出过程、主体盖章等，对于欠缺了部分内容，或者虽然欠缺了，但不妨碍该认定结论表达的准确性与可靠性的，一般也不意味着其证据资格的必然丧失。特别是具有价值性评价的行政认定，对司法人员以及当事人而言，重要的是行政机关作出的价值性评价是否具有参考意义，是否能够帮助法官作出更可靠的司法裁判，即使在说明内容上有一定瑕疵，但只要经过庭审质证程序，得到控辩双方以及当事人认同的，也就可以作为证据使用。此外，在有些场合，司法人员向行政主管部门发函要求其对某个行政法律概念作出涵摄性的解释，而行政主管部门作出的答复又比较简略，没有说明详细理由的场合，其实是实务中争议较大的问题。有学者认为这种行政答复应当排除其证据资格。但笔者认为，如果可以要求行政主管部门给予详细理由，可以通过要求其给出说明理由的方式，补充其证据资格；如果不能采取这种方式，也可以通过庭审质证，交由控辩双方进行判断。必要的场合，如果行政认定涉及案件关键事实、对被告人定罪量刑有重大影响的，经当事人申请，可以要求行政认定作出部门出庭，以解决其证据资格的问题。

第五章　行政认定的证明力

本书以自由心证原则为基础，提出"可靠性"这样一项相对具体的标准，作为行政认定证明力审查指引，并提出具体判断方法，为实务办案提供参考。一方面，应当考察行政认定外部的可靠性，即行政认定的作出在程序上、标准上符合法律规定或者经验性程序，具体作出行政认定的人员具有相关的经验积累，是否有充足的设备、物质支持等；另一方面，还应当考察其内部的可靠性，即行政认定的作出，在法体系内部是否能够找到规范支撑，或者法理支撑，至少能够不与整个法体系的价值秩序相矛盾。

第一节　行政认定的证明力特点

前文对行政认定的证据能力进行了分析，本节对行政认定证明力进行探析，以明确其判断规则。证据能力与证明力联系紧密，没有证据能力则当然没有证明力，证据能力可谓最低限度的证明力。两者也存在根本性的差异，一般来说，证据能力是证据材料的法律属性，而证明力是证据材料的事实属性。

一、证明力判断要旨

其一，在判断方法层面，证据能力的判断是根据法定方法进行，而证明力的判断是根据法官的自由心证。无论是大陆法系还是英美法系，证据能力的判断都需要于法有据，即何种证据材料能够作为刑事证据，需要符合法定的证据调查方法，不符合证据规则收集、调查的证据材料不得作为刑事证据。只不过在大陆法系国家，这一点要相对缓和一些，即在没有证据规则场合或者不严格符合证据规则场合，法官也可能判断具有证据能力。但总体上，证据能力的判断必须有法律根据。行政认定证据资格的法律根据就在于《刑事诉讼法》第54条以及2021年《刑诉法解释》的第100条、101条。与之相对，证明力不是由法律规定的，而是由法官自由判断的。因为案件事实千变万化，同一种证据材料在不同案件中起到的证明作用并不相同，如果法律预先规定证据的证明力，则很难发挥法官及司法人员的主动性。

其二，在判断根据方面，由于判断方法上本身就存在不同，相应地在判断根据上也就有所不同。所以证据能力的判断根据在于法定的证据规则，而证明力的判断根据在于法定以外的规则、义理。学界一般认为，证据能力的判断根据在于法定的证据规则，但这些证据规则特征不是从积极的、正面的方式规定证据能力，而是通过一系列证据能力排除法则，界定出"非证据"，从中导出证据的正面定义，如传闻证据排除规则、非法证据排除规则、意见证据排除规则等。证明力的判断，虽然委任于法官的自由心证，但并非法官的恣意心证，是需要受到一定限制的心证。这种限制的根据，理论上有不同表述，但基本认为逻辑法则和经验法则是限制心证的重要根据[①]。反过来说，逻辑法则、经验法则就是法官进行心证的根据。当法官认为某一证据的证明力比较大，或者证据分量比较大，如果这种判断本身不符合逻辑，或者不符合一般人的经验，则其对证明力的判断也不能成立。

其三，判断的对象也有所差异。证据能力的判断对象是对证据是否具有客观性、合法性，或者说可采性的判断。其判断的重心是一种证据材料是否能够进入刑事诉讼，为证据法则所允许，能够用于证明案件事实。而证明力的判断对象是对证据的关联性，或者说可信性的判断。其判断重心是，一个可以用作证明案件事实的证据，对法官形成心证具有多大的作用。也可以认为，证据能力的判断是有和无的判断，而证明力的判断是一个程度性的判断。

大陆法系与英美法系对证据证明力判断既有共通之处，也有相异之处。共通体现在，都坚持证据裁判主义，而且都坚持裁判者相对自由的判断权限，但又存在必要的限制。相异之处除了表现在程序上的差异之外，如判断主体是陪审团和职业法官的差异等，最大差异还是在于对判断的自由限制方法不一样。即是说，在英美法系，限制自由判断的方式是通过判例法确定的证据法则，如证据补强规则；而在大陆法系，限制自由判断的方式体现在判决文书的裁判说理。

[①] ［日］田口守一：《刑事诉讼法（第七版）》，张凌、于秀峰译，法律出版社，2019年，第442页。

证明力判断理论的基本构造表现为原则＋规则＋方法。所谓原则是指自由心证原则，这是证明力判断的基础与核心。而证明力判断的规则是指裁判者在对证据证明力进行判断时必须遵守的一些规则，这些规则既是经验法则的总结，也是具有法律强制性的，即某些规则得到了法律明文化的确认，这也使得证明力判断规则具有明显的程序性规则特征。例如，在只有被告人供述而没有其他证据补强的场合，该口供不得作为定罪根据。被告人翻供的，如果没有查明翻供的原因和理由，则被告人口供的证明力也会被大大削弱。这样的后果就意味着，要么需要由侦查机关补充侦查，要么只能判决被告人无罪。至于证明力的判断方法，则是在原则、规则基础上，适应不同证据作出的证明力判断操作规程。

对于自由心证原则，学界已进行比较细致的研究，已成学界共识。而对证明力判断的规则与方法则人言人殊。就证明力判断规则的立法现状而言，刑事诉讼法和相关司法解释一共规定了两个规则。其一是刑事诉讼法规定的口供补强证据规则，其二是原件优先规则。总体上呈现内容简略、种类单一、规范配套不足的特征。但是司法实践中，司法人员对证明力规则的需求是比较大的。在面临证据证明判断难的问题之际，司法人员总是寄希望于立法者出台司法解释予以解决，而不是自行解决。这使得证据力判断规则的建构，更多地成为学界的任务。

就证明力判断的基本方法而言，目前学界形成了直觉认知法、印证法、矛盾分析法等。具体到证据种类上，学界一般采取以下两种研究路径：

一种是根据证据的理论分类，运用几种方法得出不同的证明力判断方法。例如，如果将证据划分为原始证据与传来证据，由于原始证据直接来源于案件事实，没有经过中间其他环节，而传来证据则与之相反，是在原始证据基础上经过复制、转述的证据，有失真的概率，所以理论界一般认为原始证据的证明力要大于传来证据。在同时具备原始证据与传来证据的场合，只需要适用原始证据，有原始证据就不需要传来证据，但反之不可。即是说，传来证据不能单独作为定案证据，传来证据需要与其他证据互相印证，并且证据间无矛盾或者矛盾得到合理解释时才能作为定案证据。再如，倘若将证据划分为直接证据与间接证据，由于直接证据是可以直接用于证明案件主要事实的证据，间接证据则与之相反，所以学界认为直接证据的证明作用要大于间接证据，而且直接证据的证明关系具有单一性。但这是就单一的证据数量而言，如果间接证据的数量大于直接证据，也足以在证明力上优于直接证据。

另一种是根据证据的法定种类，分别探讨其证明力的特点以及判断规则。

例如，就物证而言，学界认为物证的证明力特点具有客观性、稳定性、可信性等特征；物证的证明力判断中，需要重点考察的是物证与案件事实的关联性大小，关联性越高的则证明力越大，反之亦是；并且，物证的客观属性越高，即状态越不易变化的，越具有本源性的，其证明力越高，反之亦是。再如，就证人证言而言，学界认为此种人证的证明力特点具有易变性、主观性，相较于物证、书证，其稳定性较差；在证人证言的证明力审查中，需要重点考察证人及其证言的可信性；证人的一贯品格、与当事人的利害关系，证人的亲历程度、记忆能力等，与证人证言的可信性以及由此奠定的证明力具有直接关系；而且，相较于物证、鉴定意见、勘验笔录等，证人证言的证明力相对较低。又如，被告人供述、辩解的证明力具有虚假性、易变性，需要重点审查其可靠性；而在具体的证明力的判断过程中，被告人供述、辩解的证明力相对较低，要坚持综合判断的原则，审查其是否与其他证据互相印证，以及被告人是否有翻供的情节，是否能查明翻供原因，与其他证据间形成的矛盾关系是否得以被排除等，这些直接影响被告人供述、辩解的证明力大小，甚至直接影响其证据资格。

总而言之，证明力的判断比较复杂，理论界形成的共识在于，证明力判断毕竟是一种经验行为，应当遵守自由心证的原则，给予法官一定的自主判断权。但这种自由是相对的，并非不受约束，而是需要在逻辑法则、经验法则乃至一般认识规律基础上进行具体衡量，特别是需要在不同证据种类中，结合该类证据的一般证明力特点，具体地判断其证明力大小。

二、行政认定的证明力特点：可靠性

对于行政认定的证明力，有学者认为行政认定属于言词证据，其客观性较差，而且行政认定作出主体与作出程序以及诸多影响因素的参与，使得其证明力无法与鉴定意见相提并论[①]。换言之，这种观点认为，虽然行政认定可以作为一种特殊的鉴定意见，但是其证明力又无法达到典型鉴定意见的程度，如果在无法作出司法鉴定意见的情况下采用行政认定，还需要补充其他证据才能形成证据链条、达到证明标准。与之相反，有学者认为，虽然行政认定与司法鉴定在主体和程序上均有不同，但并不意味着行政认定的证明力要低于司法鉴

---

① 杜磊：《行政证据与刑事证据衔接规范研究——基于刑事诉讼法第52条第2款的分析》，《证据科学》，2012年第6期，第657页。

定,"事实上,行政机关往往具有更为专业和先进的鉴定技术,在鉴定意见的准确性方面要优于司法鉴定,而且刑事司法机关在不具备鉴定能力时也要委托行政机关的鉴定部门进行鉴定,如常见的价格鉴定、产品质量鉴定、工程质量鉴定等"[①]。笔者也认为,现有理论研究成果不能直接得出行政认定的证明力低于鉴定意见的结论。因为,一方面,鉴定意见的证明力取决于是否具有真实性、客观性,审查鉴定意见的证明核心就在于对鉴定意见采取的方法、程序等,如果在这些方面存在疑问,那么即便是鉴定意见的证明力也会被大大降低,甚至连证据资格都被否定。另一方面,上文已指出,行政认定的证据资格在于其具有可靠性,对行政认定证明的审查也应在于可靠性的大小或者程度。在事实性行政认定也即典型的行政鉴定的场合,可以认为行政认定的证明大小与司法鉴定具有共通性,因为这种典型的行政鉴定与司法鉴定只有一纸之隔。即便是这种行政鉴定,也不可能因为其作出主体由司法鉴定机构变为行政机关就大大降低了,这是没有理由的。而就规范性行政认定的场合,其证据资格、证明力大小的判断取决于可靠性程度的大小,这与鉴定意见的真实性大小,是完全不同层次的问题,不可能横向比较证明力大小的问题。例如,在交通肇事致人死亡的场合,既有交警作出的交通责任认定书,也有法医作出的死亡鉴定,对前者证明力的审查重心是责任认定书的作出是否合规、合法,后者则是死亡鉴定是否符合鉴定程序、标准,两者在形式上没有太大区别,而在证明力的比较上,可以说没有责任认定书,行为人就不构成交通肇事罪,而死亡的原因鉴定,意味着行为人不对死亡后果负刑事责任。两者缺一都不能证明行为人符合交通肇事罪的犯罪构成。至少在这一点来讲,行政认定与鉴定意见的证明力不存在单向的大小比较或者差异的问题。

归根到底,证明力的判断不是静态的,需要在动态的证明力评判过程中评价行政认定的证明力大小。如果说存在一般性的比较,可能是行政认定作为直接证据或者原始证据的场合,能够说其相对于其他证据材料具有较高的证明力,但是在动态的司法过程中,这种一般性的比较可能在掺入其他变量之后就发生了变化或者倾斜。但如上文所说,学界对证据证明力的判断需要以该种证据的证明力特征为起点,因此首先归纳出行政认定具有何种证明力特征也是非常必要的。在笔者看来,行政认定独特的证明力特点在于,应当围绕其可靠性而非真实性、客观性展开证明力判断。

[①] 董坤、纵博:《论刑事诉讼中行政鉴定证据的使用》,《河南大学学报(社会科学版)》,2015年第4期,第52页。

鉴定意见的审查中心是其真实性、客观性，因为鉴定意见针对的是事实问题而非法律判断问题。鉴定人的职责是对涉鉴事项的事实存在、因果的有无发表结论性意见。例如，对于死亡案件，鉴定人只能作出死亡结果的原因是自杀还是他杀，以及何种原因导致死亡后果发表意见，不能对谁是行为人发表意见，以及对行为人的主观罪过或者社会影响等作出评价。因而，鉴定意见的过程是鉴定人运用科学知识依据一定程序作出的事实性判断。这使得鉴定意见具有专业性、科学性、程序性的特征。所以对鉴定意见证明力的判断需要围绕其真实性、客观性展开。对于行政认定，特别是规范性行政认定而言，其不仅仅是行政机关工作人员对事实有无作出的判断，还包括行政机关对某个事实是否能够涵摄进一个法律概念作出的价值性判断，如行政机关事前作出的行政处罚决定，以及行政机关事后对某种行为是否属于违法行为，或者行为对象是否属于构成要件要素的判断等。此种场合，可以认为行政认定仍然具有专业性特征，但不能参照鉴定意见的科学性特征去评价。因此，一个行政认定的证明力有多大，其实应当围绕该行政认定的可靠性有多大去评价。即是说，此种行政认定是否具有公信力，以及是否能够得到一般人的认同。

特别是在行政处罚决定书作为行政认定的场合，由于行政处罚是一种具体行政行为，行政法理论上存在公定力的理论，即只要不是行政行为作出具有严重违法性，侵害了相对人或者第三人的合法权益而使得该行政行为自始无效，那么行政行为即使在程序上或者作出方式上有些许瑕疵，也不能认为该行政行为是无效的，而是继续有效的，能够拘束相对人的。那么，在司法机关将事前的行政处罚决定书予以调取，作为证据材料以表明行为人事前受过行政处罚，而被告人辩称该行政处罚决定书的内容有瑕疵，如签名盖章不符合要求，或者行政处罚作出的程序有瑕疵，如没有履行告知程序，这种抗辩也可能会以行政法上公定力为理由被否定。因为在一般人看来行政处罚决定是违法的，但是在行政法上只要不是重大违法导致其当然、自始无效，该行政行为就是有效的，行政处罚决定书也就是合法、有效，能够用于证明违法事实存在。行政法之所以作出此种制度性安排，其意义就在于，行政法需要在行政法上的利益与个人利益之间进行一定衡量。即使行政处罚有程序瑕疵，但只要行政违法事实是存在的，就不足以否认该行政行为的有效性。所以，在行政处罚决定书作为证据的场合，不会因其具有轻微的程序瑕疵，就降低其证明力，而是可直接以行政法上的公定力理论为由继续维持其有效性。显然，这种公定力理论及其背后的行政法上的衡量，就奠定了行政处罚决定书的证明力基础在于其可靠性。即是说，只要是可靠的，而且存在可靠的实质理由，即使并非完全合法或者客观真实，也可以奠定其证明力所在。

至于行政答复、事故认定书，其证明力的根据也在于其可靠性。有学者认为在行政答复没有附加事实理由的场合，就不能肯定有多大的证明力，甚至是不能肯定其证据资格。但这种看法太过片面。因为行政机关应司法机关之托作出答复的场合，如果行政机关本身就是行政法律法规的制定者和有权解释者，如中国人民银行、证监部门等，其所做的答复其实就是一种有权解释。要求这类行政机关作出行政答复，其实相当于他们对某个法律概念作出解释，是否附加事实性的说理原则上不应作为妨碍其证明力的根据。换言之，事实理由妨碍证明力的场合，只能是针对无权解释，也即业务性、专业性解答不属于该行政机关的职权范围。如前文提及的"骆某涉嫌伪造金融票证罪案"，对于骆某伪造的银行现金借款单、银行征询函、对账单，是否属于银行结算凭证，该案司法人员是向中国人民银行发出的征询，而中国人民银行本身对《票据和银行结算凭证附式》等法律法规有修订、解释的权力。根据这一点就可以肯定中国人民银行的答复是具有可靠性。相反，如果该案司法人员是向中国人民银行以下级别的银行发出征询，则原则上该银行的答复必须给出说明理由，方可被人认为具有可靠性。此外，就事故认定书而言，其证明力特点在于可靠性其实也被2021年《刑诉法解释》明确承认。即是说，《刑诉法解释》第101条强调的是，"有关部门"对事故进行调查形成的"报告"，以及对"专门性问题的意见"可以作为证据使用。这一方面是对证据资格的认定，另一方面也是对证明力的规定。因为有关部门对事故进行调查得出的报告以及意见明显不是单纯对事实的认定，而是包括对法律适用以及诸如责任主体的确定和责任大小的划分，即典型的价值评价。《刑诉法解释》规定其可以作为证据使用的理由就在于，由有关部门作出的价值评价是有证明力的，而且正因为是有关部门根据组织性力量作出的认定结果，在合法性与科学性上能够得到保障，所以是具有可靠性的。

即便是对于行政认定的典型表现形式——行政鉴定而言，虽然学界一直认为行政鉴定在程序的严格性和鉴定标准的科学性上与司法鉴定没有任何区别，行政鉴定的证明力与司法鉴定一样都在于其具有的真实性，但事实上行政鉴定的程序及标准都来源于行政法律法规，是一种行政行为而非典型的司法行为或者司法辅助行为，因而行政鉴定也并非完全是一种客观的事实判断活动，也带有一定的价值评价。这种价值评价同样可以说是因为具有可靠性而奠定其证明力。

第二节 行政认定证明力的判断方法

一、基本原则

值得讨论的是如何判断其可靠性。在笔者看来，除了上述所说行政行为的公定力及其背后的法理根据，还可以从以下两个方面去探寻。一方面，应当考察其外部的可靠性，即行政认定的作出在程序上、标准上符合法律规定或者经验性程序，具体作出行政认定的人员具有相关的经验积累，是否有充足的设备、物质支持。就事实性行政认定而言，其是否有可重复检验性应当被重点审查，在一定程度上还需要结合其专业知识予以具体审视。例如，对于财务会计的认定过程，该专业本身的常规性操作方法或理论、技术工具是检验其认定方法结论的可靠性根据。而对规范性行政认定，则需要考察其是否具有经验的接受性。另一方面，应当考察其内部的可靠性，即行政认定的作出，在法体系内部是否能够找到规范支撑或者法理支撑，至少能够不与整个法体系的价值秩序相矛盾。

二、具体方法

（一）行政认定具体作出人的"能力适格"

行政认定与鉴定意见一样都是专门人运用专业技能解决专门问题。行政认定最终是以行政机关的名义作出，但是在具体判断上却是由行政机关工作人员执行的。所以具体判断、认定人的专门知识程度、技能高低、职业经验等，直接影响行政认定的证明力大小。即是说，具体作出人的专门知识、技能水平越高，职业经验越丰富，其作出行政认定的可靠性越高，证明力也就越大。

（二）审查行政认定作出部门与案件事实的利害关系

在鉴定意见的场合，鉴定人与案件的利害关系是影响鉴定意见证明力的重要因素，这一点在行政认定中也不例外。作出行政认定的行政部门，多多少少都会与案件有利害关系，只是程度性的问题。如果认为只要有利害关系就降低了证明力，那么行政认定则完全没有用武之地，这既不合理也不现实。唯一可能存在妨碍证明力的场合是，在行刑衔接过程中，行政执法机关既是移送机关，又担任该案的行政认定人（行政处罚决定书的场合除外），可以认为其所作出行政认定的证明力较低。因为在这种场合，行政执法机关已经形成了该案行为人构成犯罪事实的前见，如果让其担任该案的行政认定主体，特别是让其作出规范性行政认定的场合，则有损害其可靠性的疑问。例如，在某税务机关查处逃税行为的场合，该税务机关先是认为行为涉嫌构成逃税罪，并出具认定意见指出行为人逃税已达到数额巨大的量刑档次。司法机关在处理过程中，该税务机关的认定意见可能会被认为是不可靠的，最后的裁判结果也有公正性疑问。此种场合恰当的处理方式是，司法机关再委由其他税务机关作出偷税数额的认定。换言之，在行刑衔接办案的场合，行政认定的作出机关应当与移送机关不同。但是，即便行政认定的作出机关与移送机关是同一的，其行政认定也可以作为证据使用，只是证明力受到较大程度的削弱。因为即使在鉴定意见的证明力判断中，也并非所有存在利害关系的鉴定意见都不能作为证据加以使用。

（三）审查行政认定的作出程序、标准是否具有普遍接受性

在有法律明文规定的场合，亦即有相关法律法规对行政认定作出的程序、标准有明确规定之际，行政认定的作出程序以及其所依据的标准必须符合法律规定。例如，《卷烟产品鉴别检验规程》《药品质量抽查检验管理规定》等法律法规均是对伪劣香烟、药品的鉴别程序的规定，如果行政认定作出机关不是依照这些法律法规作出的认定意见，或者程序上有瑕疵，则可能在根本上会危及其证据能力，而被要求作出重新认定。但是在没有法律明文规定的场合，一般则是依据既往的经验或者形成的标准作出行政认定。而既往的经验、标准是否能够被其他人接受，以及被其他人接受的广度和程度，也直接影响到该行政认定证明力的大小。这里可以从三个方面去考察：其一，既往程序或标准是否符合一般的逻辑、经验、科学法则；其二，这些程序或标准是否能够得到其他部门机关的认可；其三，这些程序或标准是否具有一般的接受性，具体来说，其能否被一般人理解，其具有的错误性、不可接受性是否能够为一般人所容忍。综合这三个方面来判断既有的程序或标准是否具有可靠性。

其一是最基础的可靠性根据。即是说，如果所作认定不符合基本的逻辑法则或者经验法则，或者有抵牾之处，无论如何，难以说这种认定能够被一般人接受。科学法则也是非常重要的评判依据。因为现在行政办公实现了网络性、技术性办公，绝大多数的行政事务办理都采取了先进的技术手段。例如，财务

部门、统计部门所作数据统计工作以及对个别事项的鉴别认定，都采取了一定的科学计算系统和指标。因此，在委由这些部门作出认定的场合，一般都具有一定的科学根据。也源于此，才使得行政认定具有公信力和可靠性。

其二是可靠性标准的参照依据。因为行政机关作为部门性的公务性处理机关，虽然不同部门各有其职，但是在业务执行的基本方法和在业务领域形成的经验，以及在此基础上形成的判断能力、价值方法具有共通性。如果行政认定的作出部门与其他部门的常规性操作方法或者执行标准完全不存在重叠之处，则难以认为该项行政认定得到了一般性的认可，其可靠性也存疑。

其三是行政认定可靠性的标准的核心。前文已指出，行政认定的证明力在于其可靠性。因为对于规范性行政认定而言，毕竟是行政机关作出的一种价值评价，这本身与意见证据规则有抵牾之处。但在将行政机关的意见作为证据并且肯认其具有证明力之际，至少需要一个更为有力的标准或者根据奠定其证明力。这个标准就是一般人的标准，即在一般人看来可以作为证据使用并且具有证明力的，就可以给出肯定性回答。行政认定也是如此。只不过在判断行政认定是否得到一般人认同，则需要法官根据自由心证原理进行裁量。在技术性手段上可以考察行政认定的作出程序、依据是否能够为一般人所理解，若一般人都无法理解，则自然难以肯定其具有多大的证明力。

根本上，行政认定的可靠性标准难以用一种或者几种标准就完全概括之。无论是逻辑法则、经验法则还是科学法则，都只是参照性的依据。鉴定意见因为太过专门性，一般人无从判断其是否具有客观性、真实性。行政认定可能因为其价值性，一般人都可以作出一定评价，因此一般人接受与否，是否符合实质性的证明标准、接受标准，就是行政认定证明力标准。在实际操作中，根据这三个方面能够得出行政认定具有很大的可靠性时，就可以肯定行政认定的证明力相对较大。

（四）审查行政认定是否与在案其他证据或者已查明的事实有矛盾

不可否认，尽管是单纯针对事实作出判断的鉴定意见也可能存在虚假性、不真实性，而且无论鉴定手段发展到何种地步，都会存在技术上限的问题。鉴定意见的证明力也并非具有绝对性，并非具有预先确定的较大或较小的证明力。需要在整个证据体系中进行综合判断，很重要的内容之一就是判断行政认定是否与其他证据存在矛盾。如果鉴定意见本身与其他证据相矛盾，其证明力状态就是不确定的，可能还需要重新收集证据材料或者进行重新鉴定。这一判断方法也同样适用于行政认定。因为行政认定的价值判断色彩比司法鉴定更浓厚一些，在收集行政认定之后，其是否与其他证据互相印证，反过来说是否与其他证据存在矛盾，或者难以解释的疑问，是需要被重点审查的对象。如果行政认定的结论存在相反的证据，形成了根本性的冲突，那么行政认定就需要通过对比分析方法，谨慎判定其证明力。特别是在当事人否认行政认定的结论时，有必要的，则需要行政认定作出人出庭接受询问，或者更换行政部门重新作出认定，法官不得直接以之作为证据材料。否则，此种行政认定就不仅仅是证明力被削弱，而是根本上就难言有证据能力。因为前文指出，行政认定能够作为证据的最重要根据在于其能得到当事人的认同，因当事人的"合意"而使其具有证据资格。这也是怀疑论者为什么否定行政认定进入刑事诉讼，但又不否定其证据能力的关键原因。

（五）行政认定是否在庭审中经过了法定的调查、审查程序

《刑诉法解释》第201条规定，有关部门对事故进行调查形成的报告中涉及专门性问题的意见，需要经过法庭查证属实而且调查程序符合法律规定，才能作为定案的根据。反过来说就是，如果行政部门对事故调查发表的专门性意见没有经过庭审的质证、认证程序，就不具有证明力，甚至不能作为证据加以使用。这其中需要注意的是应该如何处理其质证程序。一般来说，行政认定的质证程序与其他证据没有太大区别，《刑事诉讼法》对鉴定意见的举证、质证、认证程序的规定也同样适用于行政认定。特别是《刑诉法解释》将行政认定规定在鉴定意见一节里，即表明应当参照鉴定意见的程序规定调查、审查行政认定。如第99条规定，人民法院通知后，鉴定人拒不出庭作证的，鉴定意见不得作为定案根据，鉴定人因客观原因无法出庭的，可以重新鉴定。对于行政认定也是一样，法院应当重点审查行政认定作出人的出庭必要性，特别是在规范性行政认定的场合，行政机关的价值判断很容易引起控辩双方的争议，消除争议的方法就在于尽量要求行政认定作出部门派出代表或者具体制作人出庭接受双方的质证，以尽量保障行政认定的可接受性。此外，对于质证后是否重新作出行政认定的问题，原则上对于大型事故的行政认定因为客观上、事实性不可能作出重新认定，所以不应予以支持，但是对于客观上可以重新认定的，如要求行政机关给出行政答复、行政鉴定的场合，可以委由其他行政机关予以重新认定。但新作出的行政认定证明力，并非就一定强于原来行政认定的证明力，仍需要经过证明力的判断方法予以具体审查。

结 论

行政法、刑法学者对行政认定问题长期保持关注，并且主要从行政认定的可诉性、行政认定与刑事认定的关系角度开展研究。行政认定作为证据材料在刑事诉讼中被广泛适用，但从证据法角度研究行政认定的证据归类、证据能力和证明力的成果却较为匮乏，也未构建行政认定的证据审查规则和庭审调查程序。学界尚未从证据法角度系统研究行政认定，其原因是多方面的。其一，行政认定在字面意义上被学者归类为一种以行政机关为主体的认知性、评价性活动，而不是一种物质载体，所以人们一般不会想到这与证据理论相关，也不会将其作为一个证据法问题加以展开。其二，行政认定不仅是对事实的鉴定，还包括法律评价的认定，导致的后果是"行政权对司法权的侵蚀与分割"，人们会否定行政认定证据资格、排斥其进入刑事诉讼。其三，碍于"行政认定""行政证据"等基础概念未得到清晰界定，近年来学界更多地关心行政执法证据的转化和适用，认为行政认定的证据问题与之重叠，故不再作为单独议题对待。

本书对刑事诉讼中的行政认定这一新型证据材料的适用问题进行研究，重点研究行政认定的证据价值、进入刑事诉讼的必要性，并重点探讨行政认定证据能力及证明力问题。将行政认定的适用问题作为研究对象，是因为笔者在调研和案例分析过程中发现，这种证据材料在司法实务中的运用并不理想，根本原因就在于对行政认定的证据属性、证据能力、证明力、证据审查规则缺乏深入研究，无法有效指导司法实践。因此，加强行政认定证据法基础理论研究，对改善其在刑事诉讼中的适用具有积极的理论指导价值。本书的创新点及核心观点总结如下：

第一，系统梳理行政认定论题的产生、演进过程。长期以来，学者认为行政机关出具的认定意见与司法机关出具的"鉴定意见"没有什么本质不同，不值得专门讨论。陈光中先生于2002年主编的《刑事诉讼法》首次将行政机关出具的"认定书"作为独立的证据材料予以介绍，并指出其与司法鉴定的区别。2004年出台的《中华人民共和国道路交通安全法》，引发学者对交通事故认定书证据问题的讨论，行政认定由此逐步演进为证据法理论上的一个独立性论题。相较于现有成果零星介绍，本书通过文献检索和案例分析，系统梳理行政认定论题的产生、演进过程，指出行政认定证据法论题在我国经历了"从无到有""从个别到一般"的讨论历程，并为学界开展后续研究提供基础性学术史素材。

第二，尝试在证据法层面界定行政认定的概念。在早期刑事诉讼法、证据法的教科书和著作中，学者几乎没有提及"行政认定"。这主要缘于当时学者对"行政认定"没有形成统一概念术语，欠缺讨论问题的话语前提。本书结合行政法、刑法学相关研究，尝试在证据法层面对行政认定进行概念界定，即"在刑事诉讼中，特定行政主管机关依职权或者依司法机关申请针对涉案行为、对象、主体作出的可作为刑事证据加以使用的专业性认定、鉴定材料"。随后，本书结合行政认定的具体表现形式进行实践和理论分类，并就其适用的犯罪类型、证明对象进行归纳和总结。

第三，从实践和理论层面对行政认定进行系统化分类研究。实务界、理论界对行政认定分类研究表现为单纯的经验性归纳，没有上升到一定的理论性高度。本书对行政认定的类型和表现形式做出整理，并进行系统化分类研究，在实践层面将行政认定归类为行政处罚决定书、行政鉴定、行政答复、事故认定书四种类型，在理论层面将行政认定归类为事前的行政认定与事后的行政认定、事实性行政认定与价值性行政认定。上述分类研究也为其他学者开拓这一问题领域提供基础素材。

第四，论证行政认定的证据价值及进入刑事诉讼的合理性。传统观点认为行政认定具有行政权属性，其本质是行政机关的权力运作产物，将行政认定作为一种证据或者证明方法进入刑事诉讼，侵蚀司法权。本书认为，行政认定作为证据适用具有查明案件事实的工具价值，其进入刑事诉讼系行政权与司法权关系缓和的体现，其自带"不中立"负面因子并不能成为阻碍进入刑事诉讼的事由，而且可以弥补现行司法鉴定不足、丰富鉴定手段和方式，其具有进入刑事诉讼的必要性和合理性。

第五，归纳提炼行政认定的证据能力审查规则。目前学界尚未明确提出如何构建行政认定的证据审查规则和庭审调查程序。本书结合行政认定的特点，从五个方面归纳提炼证据能力审查规则：一是行政认定作出机关必须是有"认定能力"的行政主管机关；二是认定对象具有关联性，行政认定要证明的要素性事实是作为犯罪事实的行政违法要素或者行政性要素；三是认定材料应当具有同一性、无污染性；四是认定过程符合法定程序或者既有程序；五是行政认定的书面材料一般应当具备一定的形式性要件。

第六，提出行政认定证明力"可靠性"审查标准及方法。本书以自由心证原则为基础，提出"可靠性"这样一项相对具体的标准，作为行政认定证明力审查指引，并提出具体判断方法，为实务办案提供参考。一方面，应当考察行政认定外部的可靠性，即行政认定的作出在程序上、标准上是否符合法律规定或者经验性程序，具体作出行政认定的人员是否具有相关的经验积累，是否有充足的设备、物质支持等。另一方面，应当考察其内部的可靠性，即行政认定的作出，在法体系内部是否能够找到规范支撑或者法理支撑，至少能够不与整个法体系的价值秩序相矛盾。在行政认定证明力具体判断方法上，本书总结了以下五个方面：一是行政认定具体作出人的"能力适格"，二是审查行政认定作出部门与案件事实的利害关系，三是审查行政认定的作出程序、标准是否具有普遍接受性，四是审查行政认定是否与在案其他证据或者已查明的事实有矛盾，五是行政认定是否在庭审中经过法定的调查、审查程序。

参考文献

一、图书

[1] 林钰雄. 刑事诉讼法（上册 总论编）[M]. 北京：中国人民大学出版社，2005.

[2] 南英，高憬宏. 刑事审判方法 [M]. 2版. 北京：法律出版社，2015.

[3] 最高人民检察院公诉厅. 刑事公诉案件证据审查指引 [M]. 北京：中国检察出版社，2015.

[4] 最高人民检察院公诉厅. 公诉案件证据参考标准 [M]. 北京：法律出版社，2014.

[5] 陈瑞华. 刑事证据法 [M]. 3版. 北京：北京大学出版社，2018.

[6] 姜明安. 行政法 [M]. 北京：北京大学出版社，2017.

[7] 姜明安. 行政法与行政诉讼法 [M]. 北京：北京大学出版社，2015.

[8] 魏德士. 法理学 [M]. 丁晓春，吴越，译. 北京：法律出版社，2013.

[9] 程龙. 行政证据在刑事诉讼中使用问题研究 [M]. 北京：法律出版社，2018.

[10] 最高人民检察院《刑事犯罪案例丛书》编委会. 破坏自然资源的犯罪 [M]. 北京：中国检察出版社，1992.

[11] 最高人民法院刑事审判第一庭. 刑事审判参考（2000年第2辑）[M]. 北京：法律出版社，2000.

[12] 陈光中. 刑事诉讼法 [M]. 北京：北京大学出版社，高等教育出版社，2002.

[13] 王利明. 法律解释学 [M]. 北京：中国人民大学出版社，2016.

[14] 杨仁寿. 法学方法论 [M]. 北京：中国政法大学出版社，2013.

[15] 拉伦茨. 法学方法论 [M]. 陈爱娥, 译. 北京: 商务印书馆, 2003.

[16] 杨小君. 我国行政诉讼受案范围理论研究 [M]. 西安: 西安交通大学出版社, 1998.

[17] 章剑生. 现代行政法 [M]. 北京: 法律出版社, 2019.

[18] 何家弘, 刘品新. 证据法学 [M]. 北京: 法律出版社, 2019.

[19] 张建伟. 证据法要义 [M]. 2版. 北京: 北京大学出版社, 2014.

[20] 张伟珂. 食品安全行刑衔接机制的理论与实践 [M]. 北京: 法律出版社, 2017.

[21] 张明楷. 犯罪构成体系与构成要件要素 [M]. 北京: 北京大学出版社, 2010.

[22] 罗开卷. 新型经济犯罪实务精解 [M]. 上海: 上海人民出版社, 2017.

[23] 周光权. 刑法总论 [M]. 北京: 中国人民大学出版社, 2016.

[24] 谭兆强. 法定犯的理论与实践 [M]. 上海: 上海人民出版社, 2013.

[25] 刘艳红, 周佑勇. 行政刑法的一般理论 [M]. 北京: 北京大学出版社, 2020.

[26] 郑昆山. 环境刑法之基础理论 [M]. 台北: 五南图书出版公司, 1998.

[27] 刘夏. 犯罪的行政从属性研究 [M]. 北京: 中国法制出版社, 2016.

[28] 人民法院出版社, 《法律家》实践教学编委会. 妨害社会管理秩序罪裁判精要与规则适用 [M]. 北京: 人民法院出版社, 2020.

[29] 人民法院出版社, 《法律家》实践教学编委会. 破坏社会主义市场经济秩序罪裁判精要与规则适用 [M]. 北京: 人民法院出版社, 2020.

[30] 陈光中. 证据法学 [M]. 北京: 法律出版社, 2019.

[31] 艾伦. 艾伦教授论证据法（上）[M]. 张保生, 王进喜, 汪诸豪, 等译. 北京: 中国人民大学出版社, 2014.

[32] 易延友. 证据法学: 原则 规则 案例 [M]. 北京: 法律出版社, 2017.

[33] 刘静坤. 最新刑事诉讼法司法解释条文对照与适用要点 [M]. 北京: 法律出版社, 2021.

[34] 张弘. 刑事证据裁判理论研究 [M]. 西安: 西安交通大学出版社, 2015.

[35] 樊崇义. 刑事诉讼法 [M]. 北京: 法律出版社, 2020.

[36] 徐勇. 国家治理的中国底色与路径 [M]. 北京: 中国社会科学出版社, 2018.

[37] 张明楷. 外国刑法纲要[M]. 3版. 北京: 法律出版社, 2020.

[38] 陈新民. 德国公法学基础理论（上卷）[M]. 北京: 法律出版社, 2010.

[39] 陈小文. 行政法的哲学基础[M]. 北京：北京大学出版社，2009.
[40] 刘夏. 犯罪的行政从属性研究[M]. 北京：中国法制出版社，2016.
[41] 李洁. 罪与刑立法规定模式[M]. 北京：北京大学出版社，2008.
[42] 尹建国. 行政法中的不确定法律概念研究[M]. 北京：中国社会科学出版社，2012.
[43] 翁岳生. 行政法与现代法治国家[M]. 台北：三民书局，2015.
[44] 陈瑞华. 刑事证据法[M]. 3版. 北京：北京大学出版社，2018.
[45] 黄维智. 鉴定证据制度研究[M]. 北京：中国检察出版社，2006
[46] 顾永忠. 中国疑难刑事名案程序与问题研究[M]. 北京：北京大学出版社，2008.
[47] 刘红，纪宗宜，姚澜. 司法鉴定证据研究[M]. 北京：法律出版社，2012.
[48] 杜志淳，宋远升. 司法鉴定证据制度的中国模式[M]. 北京：法律出版社，2013.
[49] 江必新. 最高人民法院关于适用《中华人民共和国刑事诉讼法的解释》理解与适用[M]. 北京：中国法制出版社，2013.
[50] 全国人大常委会法制工作委员会刑法室. 关于修改中华人民共和国刑事诉讼法的决定：条文说明、立法理由及相关规定[M]. 北京：北京大学出版社，2012.
[51] 普珀. 法律思维小学堂[M]. 蔡圣伟，译. 北京：北京大学出版社，2011.
[52] 张明楷. 刑法解释原理（上）[M]. 北京：中国人民大学出版社，2011.
[53] 龚义年. 刑行衔接机制研究[M]. 北京：法律出版社，2017.
[54] 斯特龙. 麦考密克论证据[M]. 汤维建，等译. 北京：中国政法大学出版社，2004.
[55] 王进喜. 美国《联邦证据规则》（2011年重塑版）条解[M]. 北京：中国法制出版社，2012.
[56] 何家弘，张卫平. 外国证据法选译（上卷）[M]. 北京：人民法院出版社，2000.
[57] 吴洪淇. 证据法的理论面孔[M]. 北京：法律出版社，2018.
[58] 兰博约. 对抗式刑事审判的起源[M]. 王志强，译. 上海：复旦大学出版社，2010.
[59] 张明楷. 刑法学[M]. 北京：法律出版社，2016.

[60] 戴泽军. 审查判断证据［M］. 北京：中国人民公安大学出版社，2010.
[61] 田口守一. 刑事诉讼法［M］. 7版. 张凌，于秀峰，译. 北京：法律出版社，2019.

二、期刊

[1] 裴苍龄. 论证据的种类［J］. 法学研究，2003（5）：45-50.
[2] 裴苍龄. 再论证据的种类［J］. 中国刑事法杂志，2009（11）：49-59.
[3] 龙宗智. 证据分类制度及其改革［J］. 法学研究，2005（5）：86-95.
[4] 吴洪淇. 证据法体系化的法理阐释［J］. 法学研究，2019（5）：157-172.
[5] 杨小君. 关于行政认定行为的法律思考［J］. 行政法学研究，1999（1）：57-62.
[6] 王崇青. 行政认定不应作为行政犯认定的前置程序［J］. 中国刑事法杂志，2011（6）：17-21.
[7] 陈兴良. 法定犯的性质和界定［J］. 中外法学，2020（6）：1464-1488.
[8] 练育强. 行政执法与刑事司法衔接中证据转化研究［J］. 探索与争鸣，2017（4）：97-102.
[9] 张晗. 行政执法与刑事司法衔接之证据转化制度研究——以《刑事诉讼法》第52条第2款为切入点［J］. 法学杂志，2015（4）：119-125.
[10] 黄世斌. 行政执法与刑事司法衔接中的证据转化问题初探——基于修正后的《刑事诉讼法》第52条第2款的思考［J］. 中国刑事法杂志，2012（5）：92-97.
[11] 高通. 行政执法与刑事司法衔接中的证据转化——对《刑事诉讼法》（2012年）第52条第2款的分析［J］. 证据科学，2012（6）：647-656.
[12] 刘玫，胡逸恬. 行政认定的证据能力——以刑事庭审实质化为视角［J］. 甘肃政法学院学报，2018（6）：134-144.
[13] 薛晓蔚. 鉴定意见的一种新类型——行政认定意见［J］. 太原师范学院学报（社会科学版），2013（5）：40-45.
[14] 管满泉. 论交通事故认定书的证据属性［J］. 中国人民公安大学学报（社会科学版），2008（6）：75-79.
[15] 赵信会. 对交通事故认定书证据属性的质疑［J］. 法学论坛，2009（6）：116-120.

[16] 戎百全. 交通事故认定书的证据地位辨析 [J]. 学术交流, 2006 (1): 49-52.

[17] 戚建刚. 反恐行政认定行为的不可诉性商榷 [J]. 中外法学, 2018 (4): 976-991.

[18] 王崇青. 行政认定不应作为行政犯认定的前置程序 [J]. 中国刑事法杂志, 2011 (6): 17-21.

[19] 胡保钢, 谷永清, 刘吉强. 刑事诉讼中行政认定的证据属性 [J]. 人民检察, 2019 (16): 20-24.

[20] 罗翔. 论行政权对司法权的侵蚀——以刑事司法中行政鉴定的乱象为切入 [J]. 行政法学研究, 2018 (1): 56-67.

[21] 张明楷. 论实质的法益概念——对法益概念的立法批判机能的肯定 [J]. 法学家, 2021 (1): 80-96+193-194.

[22] 王冠. 以虚假宣传方式推荐和销售新三板股票行为的定性 [J]. 人民司法 (案例), 2018 (17): 34-38.

[23] 张明楷. 行政违反加重犯初探 [J]. 中国法学, 2007 (6): 62-77.

[24] 陈瑞华. 行政不法事实与犯罪事实的层次性理论 兼论行政不法行为向犯罪转化的事实认定问题 [J]. 中外法学, 2019 (1): 76-96.

[25] 杨继文. 污染环境犯罪因果关系证明实证分析 [J]. 法商研究, 2020 (2): 126-140.

[26] 刘洋. 行政认定书的刑事诉讼运用及其限度 [J]. 汕头大学学报 (人文社会科学版), 2019 (4): 65-71+95-96.

[27] 田宏杰. 行政优于刑事: 行刑衔接的机制构建 [J]. 人民司法, 2010 (1): 86-89.

[28] 孙末非. 行政执法证据在刑事诉讼中的使用 [J]. 山东社会科学, 2014 (3): 114-119.

[29] 时延安, 黄烜璇. 行政认定的刑事司法审查 [J]. 人民检察, 2017 (17): 11-15.

[30] 彭涛. 司法权与行政权的冲突处理规则 [J]. 法律科学, 2016 (6): 36-43.

[31] 王良顺. 预防刑法的合理性及限度 [J]. 法商研究, 2019 (6): 52-63.

[32] 陈振宇. 不确定法律概念与司法审查 [J]. 云南大学学报 (法学版), 2008 (4): 1-6.

[33] 陈为钢, 孙薇. 不确定法律概念行政解释的刑事诉讼效力评析——兼析

一起伪造金融凭证案[J]. 人民检察，2007（4）：26-28.

[34] 董坤，纵博. 论刑事诉讼中行政鉴定证据的使用[J]. 河南大学学报（社会科学版），2015（4）：47-54.

[35] 邵勋. 论专家证人制度的构建——以专家证人制度与鉴定制度的交叉共存为视角[J]. 法商研究，2011（4）：89-96.

[36] 胡震远. 我国专家证人制度的建构[J]. 法学，2007（8）：92-97.

[37] 韩宏兴，吕哲. 销售伪劣种子罪的司法认定[J]. 中国检察官，2019（4）：38-42.

[38] 杜磊. 行政证据与刑事证据衔接规范研究——基于刑事诉讼法第52条第2款的分析[J]. 证据科学，2012（6）：657-664.

[39] 杜宜泽. 立法目的视角下行政证据与刑事证据衔接之分析——以《刑事诉讼法》第52条第2款为基础[J]. 长春师范大学学报，2019（3）：99-102.

[40] 雷建昌. 论我国刑事证据分类模式的缺陷及其完善[J]. 法律科学（西北政法学院学报），2004（3）：82-89.

[41] 孙琳. 比较法视野下的刑事证据种类[J]. 人民检察，2009（11）：44-47.

[42] 孙远. 论法定证据种类概念之无价值[J]. 当代法学，2014（2）：99-106.

[43] 周光权. 论中国刑法教义学研究自主性的提升[J]. 政治与法律，2019（8）：78-94.

[44] 万毅. 论庭前证据调查准备[J]. 东方法学，2021（1）：166-178.

[45] 霍宪丹. 关于促进司法鉴定实现科学发展的几点思考[J]. 中国司法鉴定，2009（1）：1-5.

[46] 闵银龙. 论我国高校司法鉴定机构的完善与发展[J]. 中国司法鉴定，2008（3）：11-15.

[47] 张栋. "交通事故责任认定书"的证据属性[J]. 中国司法鉴定，2009（2）：72-74.

三、论文集

[1] 帅海祥，王朋. 刑事诉讼中正确对待行政认定事实：检察实践与思考[C]. 上海：学林出版社，2008.

［2］翁自力，沈蔚林. 行政认定在刑事诉讼中的证明力及审查判断规则探析：公正司法与行政法实施问题研究（上）——全国法院第 25 届学术讨论会获奖论文集［C］. 北京：人民法院出版社，2014.

［3］李薇薇. 行政认定的证据类型及审查判断规则初探——以内幕交易案件为视角的分析：证据学论坛（第 17 卷）［C］. 北京：法律出版社，2012.

［4］邵俊武. 论行政鉴定及其司法审查：证据学论坛（第 15 卷）［C］. 北京：法律出版社，2010.

四、学位论文

［1］黄维智. 鉴定结论论——作为证据形式的相关问题研究［D］. 成都：四川大学，2004.

［2］蒙成. 司法鉴定制度研究［D］. 重庆：西南政法大学，2016.

［3］刘锋. 行政认定的刑法适用研究［D］. 重庆：西南政法大学，2019.

［4］孟靖函. 上海祖龙公司内幕交易案评析［D］. 长沙：湖南大学，2014.

［5］罗雅琴. 我国刑事司法鉴定制度的完善研究［D］. 长沙：湖南大学，2014.

［6］王露平. 刑事司法鉴定制度庭审运作的实证研究［D］. 重庆：西南政法大学，2019.

五、报纸

［1］王跃进. 交通事故责任认定书不是鉴定结论［N］. 检察日报，2005－08－23（3）.

［2］汪海燕. 交通事故认定书属于鉴定结论［N］. 检察日报，2006－04－18（7）.

［3］刘国辉，董长征. 交通事故责任认定书应界定为鉴定结论［N］. 检察日报，2005－11－17（8）.

［4］刘品新. 确定交通事故认定书证据形式实无必要［N］. 检察日报，2006－05－16（9）.

［5］蒲阳. 准确把握涉食品药品犯罪行政认定与刑事认定［N］. 检察日报，2017－08－14（10）.

[6] 赵靓. 内幕交易案件审判实务若干难点探析 [N]. 上海证券报, 2016-05-18 (12).

[7] 林振顺. 试论假劣药品行政认定意见的法律性质 [N]. 中国医药报, 2019-05-21 (10).